SURVIVE

Das Backpacker-Kochbuch

Backpacker müssen zusammenhalten!

Moritz Bojahr

SURVIVE

Das Backpacker-Kochbuch

Leckere kulinarische Einfachheiten für
Rucksackreisende und Koch-Legastheniker

MALTE K.:

„Ich kann nicht kochen!“

THEO S.:

„Ich kann so was von nicht kochen!“

LOTTA B.:

„Ich kann nicht kochen und werde deshalb so fett!“

TORBEN H.:

„Ich kann gut kochen!“

MORITZ B.:

„Nein, kannst du nicht!“

Und das sind nur einige Zitate meiner Freunde, Mitbackpacker und Mitbackpackerinnen, die mich dazu inspiriert haben, dieses Kochbuch zu schreiben.

TACH AUCH.

*Mütter/Väter bitte weiter unten mit dem Lesen anfangen!

Ich sag's gleich: Du würdest es bereuen, wenn du dieses Kochbuch nicht mit auf die Reise, wohin auch immer, nimmst! Ich bin Mow und habe mich nach dem Abi durch Neuseeland geworked und getraveled. Auf diesem Trip musste ich ziemlich schnell feststellen, dass ich zwar okay koche (danke, Mum!), aber fern der heimatlichen Full-Service-Küche samt stets nachwachsender Lebensmittelvorräte in meinem, nennen wir es mal „kreativem Schaffen", sehr eingeschränkt war. Glaub mir, irgendwann stößt du mit deinem Know-how an Grenzen: Budget – gering, Küchenausstattung in Hostels – in der Regel bescheiden (um nicht zu sagen beschissen).
Statt aber resigniert von tristem Weißmehlpamp und Spaghetti-mit-Instant-Tomatensoße zu leben, bis die ersten Zähne wackeln, habe ich in meinem Auslandsjahr Rezepte gesammelt, die preiswert sind, wenige (gute) Zutaten haben und mit minimalem Zeit- und Equipment-Aufwand bei maximaler Geschmacksausbeute zubereitet werden können.
Mitreisende aus aller Welt, Hostel-Besitzer und andere Leute (Surflehrer, Au-pair-Mädchen, Busfahrer und brasilianische Fußballfans), mit denen ich ins Gespräch gekommen bin, haben mir ihre Lieblings-Unterwegs-Rezepte mit auf die Weiterreise gegeben. Und Gerichte, die ich schon kannte, habe ich den Umständen angepasst. Ich sage dir, das ist ein paarmal RICHTIG (!!!) in die Hose gegangen.
Auch du wirst deine eigenen Rezepte mitnehmen, resigniert abkotzen, ändern, tüfteln und neue Sachen lernen. Aber diese Backpacker-Highlights sind schon mal 'ne richtig gute Basis, vor

allem, wenn mal keine Zeit ist, selber rumzuprobieren, oder keine Lust, deine Geschmacksnerven zu verätzen.
Um dir also den lästigen Scheiß zu ersparen, nach Stunden Jobben oder Surfen mit knurrendem Magen dazustehen, habe ich dieses kleine Buch verfasst.

Cheers, bru

MOW

PS: Ich empfehle, nicht NUR die Rezepte zu lesen. Hier stehen auch erprobte Tipps drin, die dir helfen werden. Ich sag's ja nur ...
PPS: Eine Horde befreundeter Koch-Legastheniker hat sich freundlicherweise als Versuchskaninchen auf ihrem Australien-Trip zur Verfügung gestellt und meinem Kochbuch danach das Testurteil „brauchbar" verpasst.

Studenten: Die Rezepte funktionieren auch zu Hause in good old WG-Kitchen.

*Sehr geehrte Damen und Herren,
dieses Handbuch ist fast so etwas wie eine Überlebensgarantie für Ihre/n Tochter/Sohn. Auch bei ablehnender Haltung Ihres Sprosses empfehle ich, dieses Buch unauffällig im Rucksack Ihres Lieblings zu platzieren oder als E-Book aufs Handy zu laden. Selbst wenn er nicht in den Kongo fliegt und vermeintlich gut kochen kann, ist es meiner Erfahrung nach mehr als hilfreich.
Danke für Ihre Aufmerksamkeit.

INHALT

BEVOR ES (RICHTIG) LOSGEHT

Ein paar Basics & Maße ____ S. 12

MEETINGPOINT KITCHEN ____ S. 15

Hostelküchenausstattungsbewertungsfazit ____ S.16
Wenn der Gasherd fröhlich klickt ____ S.17

DIE 12 GOLDEN RULES DER ROAD-CUISINE ____ S. 20

KOCHEN auf Herd & Grill

Salzig ____ S. 24

Zum Überleben brauchst du Eier ____ S. 44
Weißmehlscheiß-Pimperei ____ S. 52
Die Mutter aller Soßen ____ S. 57

Süß ____ S. 60
Und 'ne Menge Marmelade ____ S. 77

ROH ZUSAMMENWERFEN

Kalte Küche at it's best ____ S. 80

NACHTISCH

Von Erdbeer-Massaker bis Frozen Joghurt ____ S. 88

BACKEN im Ofen, wo sonst?

Salzig ____ S. 94

Süß ____ S. 108

Und noch ein Schokokuchen aus der Mikrowelle ____ S. 118

REZEPTE VON A-Z ____ S. 120

BEVOR'S LOSGEHT

Ein paar Basics zur Einstimmung

Um das Ganze ein bisschen übersichtlicher zu gestalten, habe ich meine Rezeptsammlung in zwei schlichte Kapitel unterteilt: „Kochen“ und „Backen“. Und die jeweils noch in die Kategorien „Salzig“ und „Süß“. Dann stellte ich fest, es geht ja noch einfacher. Deshalb gibt es zusätzlich ein kleines „Extra“: Gerichte, bei denen du weder einen Herd noch einen Backofen brauchst. Hier rührst du die Zutaten roh zusammen – für ganz harte Zeiten oder on the road. Kein Grund zur Sorge, auch die sind erprobt und garantiert lecker!

Alle Rezepte sind für einen Esser konzipiert. Bei manchen Gerichten macht das keinen Sinn, dann steht das aber dabei.

Du solltest alle nicht süßen Rezepte grundsätzlich mit Salz und Pfeffer abschmecken – auch, wenn ich es nicht in jedes Rezept geschrieben habe. Ich gehe aber davon aus, dass du das tust. Sonst schmeckt es fade. Und ist dann nicht meine Schuld, sondern deine.

Kurz und schmerzlos – die Gebrauchsanweisung

Die Rezepte sind gleich aufgebaut, frei nach dem Motto: Kannste eins, kannste alle. So was wie der Stewardessentanz. Damit du im Notfall nicht verreckst. Nur in cool ;)
Im Ernst, man will ja nicht Stunden über nervigen Gebrauchsanweisungen brüten, wenn man Kohldampf hat. Deshalb gilt hier Folgendes:
Du brauchst: Was hier steht, musst du dahaben. Sonst funktioniert das Rezept nicht. Irgendwie selbstverständlich. Aber na ja, man weiß ja nie.
Ausrüstung: Siehe „Du brauchst".
Geiler wird's mit: Hier stehen Sachen, die du gerne in das Rezept packen kannst, weil sie super reinpassen. Das Essen würde aber auch hervorragend ohne diese Zutaten schmecken. Wir reden hier von fancy Ergänzungen bzw. einem High-Budget-Upgrade – du hast einen Job, gut gespart oder willst deine WWOOF-Familie beeindrucken. Gönnung!

Übrigens: Alle Rezepte sind möglichst preiswert gehalten. Aber da ich sehr saisonal gekocht habe, kann es sein, dass hier und da mal das eine oder andere Gemüse/Fleisch bei dir gerade teurer ist. Also scheu dich nicht davor, mal das eine gegen ein anderes zu tauschen. Du bist ja ein Freigeist und Rebell, das kann also kein Problem sein. Allerdings: Eine ähnliche Konsistenz sollte das ersetzte Lebensmittel schon haben.

Alles mit Maß

Man kann es leider nicht beschönigen – ein durchschnittlicher Mitteleuropäer hat meist null Ahnung, wie viel Gramm in einem sogenannten Cup stecken und umgekehrt.
Dabei ist diese Cupgeschichte eigentlich keine Hürde und gar nicht mal so schlecht, wenn denn die passenden Messgeräte zur Verfügung stehen. Aber wie es nun mal so ist, haben die Hostels fast immer entweder Cup- oder Gramm-Messbecher. Was die Freude über die Ergebnisse schmälern kann. Also habe ich mal die passenden Einheiten rausgesucht. Keine Ursache ...

Flüssigkeiten	1 Cup	250 ml
Käse	1 Cup	100 g
Mehl	1 Cup	125 g
Reis	1 Cup	200 g
Zucker	1 Cup	250 g

Da wäre noch die Sache mit Grad Celsius und Fahrenheit: 160 °C = 325 °F | 180 °C = 350 °F | 190 °C = 375 °F | 200 °C = 400 °F usw ...

Und noch was: In diesem Buch sind die „Löffelangaben“ in Esslöffel (EL) und Teelöffel (TL) unterteilt. Solltest du englischsprachige Kochbücher nutzen, musst du da unbedingt genauer hinsehen! Tablespoon (Tbsp) und Teaspoon (Tsp) lesen sich für deutsche Augen verdammt gleich. An dieser Stelle schöne Grüße an Fabian Severloh, die Skones waren fantastisch ...

MEETINGPOINT KITCHEN

Kochen macht Freunde

Im Backpackerleben hat die Küche einen erstaunlich hohen Stellenwert. Wie hoch, hat mich echt überrascht. Es spielt sich unwahrscheinlich viel an dem meist schmucklosen Ort ab: Er ist Meetingpoint und Wohnstube von allen, deren Wege sich hier zufällig kreuzen.
Man hat Langeweile und rührt sich einfach mal was Leckeres zusammen. Oder gönnt sich nach einem Job oder Marsch ein Bierchen. Dabei klönt man mit den anderen Backpackern, die hier vielleicht gerade abhängen und sich über die eigenen Abenteuer und die der anderen austauschen.
Cool ist auch, wenn du einer besonders attraktiven Bekanntschaft einfach mal einen selbst gemachten Kuchen auf den Tresen ballerst. Und weil du ja leider zu viel gemacht hast, teilst du selbstlos (wie man halt so ist) dein kulinarisches Meisterwerk. Kommt IMMER gut an. Es schien mir manchmal wirklich so, dass es nur Zweierlei bedarf, um der King seines Hostels zu sein: ein Job und gute Kochskills.

Nur mal so nebenbei: Man lernt auch viel über andere Länder und Sitten. Und ich dachte, Klischees sind fürn Arsch. Jetzt weiß ich es besser. Sitzen ein paar Leute mittags mit einer Flasche Wein am Tisch, besteht eine hohe Wahrscheinlichkeit, dass es sich um Franzosen handelt. Genussvolle Schmatz- und Schnalzgeräusche hingegen beherrschen Asiaten virtuos. Sehen die bei genauem Hinsehen gar nicht asiatisch aus, sind's fast immer Deutsche, die nicht gelernt haben, mit geschlossenem Mund zu kauen. Ach, und versuch gar nicht erst, Italiener von deinen Kochkünsten zu überzeugen. La Mamma kann man nicht schlagen. Solltest du es doch schaffen, sie zu beeindrucken, würde ich eine Karriere als Profi-Koch ernsthaft in Erwägung ziehen.

Hostelküchenausstattungsbewertungsfazit

Sag das dreimal schnell hintereinander

Ums mal diplomatisch auszudrücken: Die Ausstattung der Küchen variieren sehr stark von Haus zu Haus – megascheiße und so lala bis nett ist alles dabei.
Eins haben jedoch alle gemein: Kein Hostel hat das, was du zu Hause hattest (zumindest kein einziges, in dem ich war). Du wirst immer wieder irgendwas brauchen, das nicht da ist, und musst kreativ eine Alternativlösung finden.
Ach ja, ratsam ist es, mal ganz nett den oder die Hostelbesitzer/in zu fragen, ob man denn nicht Gerät XYZ aus seinem/ihrem privaten Fundus leihen könnte. Denn wer nur ranzige Holzlöffel zur Verfügung hat, lernt einen elektrischen Mixer zu schätzen. Klappt nicht immer, aber erstaunlich oft (junge Menschen, die kochen, werden in Zeiten Jamie Olivers und seiner regionalen TV-Kumpels positiv angenommen). Wenn ihr das Luxusteil dann sauber zurückbringt, könnt ihr mal nach 'nem Auto fragen. Vielleicht klappt's ja auch.

Ausgerechnet mein erstes Hostel gehörte zur Kategorie megascheiße. Es lag am Arsch der Heide, und (was mich stutzig hätte machen sollen, aber ich war ein Greenhorn) mit der Bettwäsche bekam ich als Leihgabe abgezählt einen Teller, eine Gabel, ein Messer und eine topfähnliche Blechschüssel. Eine Pfanne konnte nur gegen Kaution geliehen werden, das Ding war verbrannt, und dein Geld hast du nie wiedergesehen. Benutzt hast du das Ding eh nicht, denn die Küche war nicht nur nicht sauber (da hat sich so einiges bewegt, was sich nicht bewegen sollte!), sie war auch schlecht ausgestattet. Von 8 Kochstellen war nur eine heil – für 50 hungrige Mäuler. Besten Dank auch. Das geilste Hostel hingegen war ein Kochnirwana: Steakgrillplatte, Grill, Sandwichmaker, alle(!!) Kochstellen intakt, alles blitzeblank (das ist nicht die Regel, neinineininein). Gewürze, Öle, beschichtete Pfannen und Töpfe wurden gestellt. Und ab und zu ist die Hostelmama in die Küche geschneit und hat ihren selbst gemachten Kuchen verschenkt. Fucking awsome!

Cooker's High – wenn der Gasherd fröhlich klickt

Die meisten Hostels haben einen mehr oder weniger klapprigen Gasherd. Ich persönlich kannte solche Kisten bis dahin nicht so, deshalb dazu drei Tipps für alle, die auch mit einem Ceranfeld aufgewachsen sind:

1. Nicht wundern: Meistens funktioniert der Anzünde-Mechanismus nicht. Das Ding klickt fröhlich vor sich hin, doch ihr bekommt keine Flamme, sondern durch das Gas höchstens ein High-Gefühl und im Anschluss einen Blackout. Also ist es ratsam, auch als Nichtraucher (wie ich einer bin), ein Feuerzeug dabeizuhaben (ich möchte an dieser Stelle nicht unerwähnt lassen, dass so ein Teil außerdem ziemlich gut ist, um ein Gespräch mit einer hübschen Raucherin anzufangen). Gas an, kurz und schnell Feuerzeug ranhalten – und du hast eine Flamme. Aber nicht zu dicht drüberbeugen, sonst flammst du dir ratzfatz die Gesichtshaare weg.

2. Du wirst schnell merken, dass die Töpfe und Pfannen auf einem Gasherd megaschnell sehr heiß werden. Pass also auf, wenn du etwas nicht scharf anbraten willst und dreh das Gas lieber gleich auf niedrige Stufe runter.

3. Oft merkst du, dass ein Gasfeld irgendwie nicht so richtig brennen will, obwohl du wie oben beschrieben geklickt und dein Feuerzeug drangehalten hast. Dann kann es helfen, mit einem Topf oder 'ner Pfanne kräftig auf das runde schwarze Ding in der Mitte zu hauen. Manchmal klappt's dann. Sonst kalte Küche.

Tschuldigung für die ausschweifende Bedienungsanleitung eines Gasherdes, aber für Neueinsteiger in diese Materie, wie ich einer war, ist das Ding schon eine Wissenschaft. Vielleicht weißt du ja, was ich meine.

Nix geht ab – die Falle mit der Zeitstoppuhr

Öfen sind sowieso ein heikles Thema. Bevor du anfängst, dir was zu kochen, versichere dich, dass das Teil funktioniert und noch besser: *wie* es funktioniert. Gibt nichts Beschisseneres, als mit dem fertigem Teig festzustellen, dass der verkackte Ofen endgültig seinen Geist aufgegeben hat. Wenn er trotz Höchststufe bestenfalls ein lauwarmes Lüftchen furzt, überprüf mal, ob die Tür richtig schließt. Wenn nicht, lehn einen Stuhl dagegen oder dich selbst. Total viele Öfen in Overseas funktionieren übrigens nur, wenn die eingebaute Kochstoppuhr (oder wie das Ding auch immer heißt) an ist. Hat auch erst mal gedauert, bis ich darauf gekommen bin.

Spar-Tipp: In jedem Hostel steht irgendwo ein Korb mit freien Lebensmitteln rum. Darin all das, was Backpacker nicht mehr wollten oder zurückgelassen haben, weil's zu viel zu schleppen war. Doch Vorsicht ist geboten: Manchmal ist es echt gruselig, was man da findet. Ich würde definitiv stark davon abraten, leicht verderbliche Lebensmittel wie Milch, Eier oder Weißbrot zu nehmen. Aber manchmal findet man auch tolle Dinge wie Gewürze, Backzutaten und vieles mehr darin. Eröffnet neue Möglichkeiten und spart Geld.

Und noch etwas praktisches Zubehör

Messer schleifen: In vielen Hostels haben wir das Problem der stumpfen Messer. Ich sage dir, nichts nervt mehr. Aber fast immer gibt's auch einen Schleifstein. Nie davon gehört? Hatte ich auch nicht. Ich empfehle, vor Gebrauch ein YouTube-Video anzusehen, dann weißt du, wie das Teil funktioniert.

Dose eintüten: Zu Hause war es mir ein Rätsel, wieso Frauen Partys veranstalten, um Plastikdosen zu shoppen. Inzwischen verstehe ich zumindest, weshalb die Dinger ihr Geld wert sind. Du solltest dir aus Deutschland ein paar Tupperboxen mitbringen oder sie oversea kaufen. Kostet zwar 'n bisschen, aber du wirst es nicht bereuen. Superpraktisch, um kostbare Lebensmittel-Reste aufzubewahren. Und spätestens, wenn du deinen Lunch auf irgendein Feld transportieren musst oder nach dem Surfen am Meer Kohldampf schiebst, wirst du die bunten Dinger zu schätzen wissen.

12 GOLDEN RULES

DER HAUTE-ROAD-CUISINE

1. **Willst du Nudeln kochen:** Wasser aufsetzen, Salz rein, wenn's KOCHT, dann die Nudeln. KEIN Öl ins Wasser und NICHT mit kaltem Wasser abschrecken. Keine Diskussion – sonst läufst du echt Gefahr, von den italienischen Backpackern im nächstem See versenkt zu werden!

2. **Willst du Reis kochen:** Grundsätzlich im Verhältnis 1 Teil Reis, 2 Teile Wasser. Den billigen Reis solltest du vorher 1 bis 2 Mal mit kaltem, klarem Wasser waschen. Sonst hast du aufgrund der Stärke eher einen Brei. Und nicht vergessen, ein bisschen Öl und Salz ins Wasser zu kippen, damit es nach was schmeckt.

3. **Immer erst nach dem Kochen salzen,** da Salz den Speisen Wasser entzieht.

4. **Ungeschälte Kartoffeln, Tomaten und Auberginen** mit Schaschlikspieß, Zahnstocher, Gabel oder Ähnlichem **einstechen,** bevor du sie ins kochende Wasser wirfst, sonst platzt die Schale. Nicht giftig, aber geschmacklich und optisch geht's bergab.

5. **Immer ein bisschen Mehl, Brühe, Salz und Pfeffer dabeizuhaben ist ratsam.**

6. **Saftig wird Fleisch in einem für Mikrowellen geeigneten Bratschlauch.** Beutel mit Kunststoffklammern gut ver-

schließen. Für die Soße etwas Brühe und zerkleinertes Suppengemüse im Beutel mitgaren.

7. **Wenn du mal deinen Einsatz verpasst und, was auch immer im Ofen schmort, außen ein bisschen schwarz geworden ist,** innen aber noch matscht, Alufolie drüberlegen. Dann gart es innen weiter, wird aber nicht noch dunkler. Vielleicht kannst du das Essen so noch retten.

8. **Keine Alufolie in der Mikrowelle!!!** Sonst Feuerwerk ...

9. **Backpulver = Backsoda = falsch.** Nimm einfach nur das, was angegeben ist, sonst funktioniert's nicht. (Für die ganz Wissbegierigen unter euch: Backpulver = 1 Teil Backsoda, 2 Teile Tatarpulver, 1 Teil Mehl)

10. **Fleisch bekommt in der Mikrowelle** ohne Grill **keine braune Kruste.** Deshalb für eine schöne Farbe vor dem Kochen mit Honig und Sojasoße bestreichen.

11. **Sollte eigentlich klar sein, aber: Je kleiner du etwas schneidest, desto schneller wird es gar.**

12. **Schmeckt etwas zu wässerig bzw. schwimmt zu sehr in Brühe, lass es weiter blubbernd kochen.** Das Wasser verdampft dann (man nennt das reduzieren). Dabei den Topf im Auge behalten, sonst hast du verkokelte Räucherware.

GENUG GELABERT!

LEARNING BY COOKING ...

KOCHEN SALZIG

VICTORIA'S TOMATENPFANNE

Du brauchst: ½ Packung **NUDELN** ▪ 1 TL Salz ▪ 1 Schuss **OLIVENÖL** (oder anderes Öl) ▪ 50 g **BUTTER** (ca. 3 Esslöffel) ▪ 12 **CHERRYTOMATEN** (oder vier normale) ▪ **KNOBLAUCH** (2 Zehen) ▪ ½ Zitrone

Ausrüstung: 1 **TOPF** ▪ 1 **PFANNE** ▪ 1 **KÜCHENMESSER** ▪ 1 **KOCHLÖFFEL** (Wender) ▪ 1 **SIEB**

Geiler wird's mit: 1 Handvoll **PINIENKERNEN** (dann ist eine zweite Pfanne nötig)

- Topf mit Wasser aufsetzen. Sobald es kocht, die Nudeln und einen Teelöffel Salz hineingeben. Die Pfanne auf dem Herd erhitzen, einen Schuss Öl reingeben. Ist das heiß, die Butter hinzugeben (Öl nur, damit die Butter nicht anbrennt). Die klein geschnittenen Cherrytomaten in die geschmolzene Butter geben.

- (Optional: Jetzt wäre der Zeitpunkt, die Pinienkerne in einer zweiten Pfanne zu rösten, bis sie goldbraun sind, dann nix wie runter vom Herd). Nun zwei Zehen Knoblauch (geschnitten oder gepresst) und die halbe gepresste Zitrone dazutun. Die Pfanne vom Herd nehmen, wenn die Tomaten anfangen zu schrumpeln.

- Die fertigen Nudeln ins Sieb schütten, dann in die Pfanne geben und unter die Tomaten heben. Falls vorhanden, die Pinienkerne drüberstreuen.

NGA TAWA CURRY

Das Geld war knapp, ich war nur genervt von Hostels und davon, keine Privatsphäre zu haben. Zum Glück war eine gute Schulfreundin von mir ebenfalls für ein Jahr in Neuseeland, brachte auf einer Privatschule Kindern Deutsch und Musik bei und passte nebenbei auf, dass die sich nicht gegenseitig die Fressen polieren.
Lynn arbeitete mit fünf anderen Mädels zusammen, alle lebten in einem 8-Bedroom-Haus. Platz genug also, dort Asyl zu beantragen. Ich also hin. Bisschen erholen. Als Gegenleistung habe ich ein bisschen aufgeräumt, gehandwerkelt und geputzt (Ja! So sieht's aus!). Dafür wurde ich fürstlich bekocht. Also hier für dich exklusiv das Beste vom Besten, was drei Deutsche, zwei Engländerinnen und eine Kanadierin in der Küche gezaubert haben.

Du brauchst: 2 **MÖHREN** ▪ 2 **ZUCCHINI** ▪ 1 Dose **MAIS** ▪ 2 **PAPRIKA** ▪ 1 **ZWIEBEL** ▪ 250 g **HÜHNCHEN** (geschnetzelt) ▪ **GEWÜRZE** (Hot Curry Mild, Paprika, Salz und Pfeffer) ▪ 1 Schuss **MILCH** ▪ 2 TL **MEHL**

Ausrüstung: 1 große **PFANNE**

- Alles an frischem Grünzeug und Fleisch schneiden.

- Öl in der Pfanne erhitzen, Zwiebeln anbraten, Fleisch dazugeben, anbraten und kräftig würzen. Gemüse rein, ca. 10 Minuten schmoren, bis es durch ist. Milch dazugeben und mit etwas Mehl verdicken (langsam unterrühren und nicht zu viel dazugeben). Nochmal würzen.

PS: Du kannst jedes Gemüse durch ein anderes ersetzen, tauschen oder weglassen. Gleiches gilt fürs Fleisch. Und ob du Milch, Sahne oder Kokosmilch benutzt, ist mir auch scheißegal! Das Curry schmeckt in jeder Variante.

IRISH STEW

Auf meiner Reise habe ich die erste Staffel von „Homeland“ gesehen. Da ist öfter mal die Rede von Irish Stew. Ich habe mich gefragt, was das ist, weil sich das eigentlich ganz lecker anhörte. Ich habe das Rezept dann von einem Iren in Wellington bekommen, der mir erst weismachen wollte, dass es einfach ein Sixpack Guinness ist. Nicht mit mir Freundchen. Acht Bierchen später hatte ich das Rezept aus ihm raus. Deutschland 1 : Irland 0.

Du brauchst (ausnahmsweise für einen Topf voll, weniger geht nicht): 600 g **SCHULTER-FLEISCH** ▪ 1 **ZWIEBEL** ▪ 150 g **KAROTTEN** oder **LAUCH** (oder halb und halb, du Freigeist-Antimainstream-Mensch) ▪ 2 große **KARTOFFELN** ▪ 1 **KOHLKOPF** ▪ 2 TL **KNOBLAUCH**

Ausrüstung: 1 großer **KOCHTOPF**

Geiler wird's mit: Thymian, Majoran und anderen netten Gewürzen

- Du schneidest das Fleisch in mittelgroße Stücke. Zwiebeln, Lauch, Karotten und Kartoffeln in Streifen schnippeln.
- Den Topf mit der Hälfte der Zwiebeln und dem Gemüse auslegen, drauf legst du dann das Fleisch. Das deckst du dann wieder mit Zwiebeln und Gemüse ab. Darauf kommen dann die Gewürze und der Knoblauch. Daaaaaarauf dann der geviertelte Kohl.
- Alles salzen und mit Wasser auffüllen, bis es ein wenig höher ist als der Kohl. Deckel drauf und langsam kochen lassen, bis das alles schön durch ist, richtig zerkocht.

Das Einzige, worauf du beim Kochen achten musst, ist, dass keiner das Essen klaut. (Besonders auf betrunkene Iren aufpassen. Die werden von dem Duft angezogen wie die Schmeißfliegen ... Colin, I know it was you! But okay 1:1 ...)

Ach ja, und ist auch gut, wenn du Essen für ein paar Tage haben oder ein paar hungrige Kumpels beglücken willst.

CHILI CON CARNE

Noch 'n Topf voll!

Das ist eins der klassischen Backpacker-Essen: Chili! Günstig und schnell gemacht, außerdem mit FLEISCH! ARRR! Dies hier ist die simpelste Art, Chili zu kochen. Ihr könnt da noch allen möglichen Kram reinrühren – von Mais, über Paprika bis doppelt so viel Fleisch. Kann kaum was schiefgehen.

Du brauchst (für einen Topf voll): 500 g **RINDER-HACKFLEISCH** (oder gemischt) ▪ 1 große **ZWIEBEL** ▪ ½ **KNOBLAUCHZEHE** (ich mache immer 'ne ganze, sofern ich am Abend nichts anderes vorhabe) ▪ 1 **CHILISCHOTE** (1 TL Chilipulver mehr, wenn du keine Schote hast) ▪ 1 EL **OLIVENÖL** ▪ 1TL **CHILIPULVER** ▪ 2 Dosen **TOMATEN** (kleingehackt oder passiert) ▪ 2 Dosen **KIDNEYBOHNEN** (abgegossen)

Ausrüstung: 1 großer **TOPF**

ARIIIBA, vamos alla Chili con Carne

- Die Zwiebeln, die Knoblauchzehe und die Chilischote (mitsamt Kernen) schön klein schneiden. Dann alles zusammen in heißem Öl im großen Topf anbraten und vor sich hinschmoren lassen, bis es schön weich ist (3-4 Minutos). Das Hackfleisch dazugeben und schön anbraten, bis es ordentlich krümelt.

- Dann das Chilipulver hinzugeben, umrühren und kurze Zeit später alles mit den Dosen-Tomaten ablöschen. Weitere 10 Minuten köcheln lassen, dann auch noch die Bohnen reinschütten. Zuletzt alles noch mal etwa 20 Minuten bei kleiner Hitze kochen lassen.

MOW'S MAMPF

Du brauchst: 2 **KARTOFFELN** ▪ 1 **SÜSSKARTOFFEL** ▪ 2 **MÖHREN** ▪ 2 EL **ÖL** ▪ 1 große Dose **TOMATEN** im eigenem Saft

Ausrüstung: 1 großer **TOPF** ▪ 1 **KÜCHENMESSER** ▪ 1 **KOCHLÖFFEL** (Wender) ▪ 1 **DOSENÖFFNER**

Geiler wird's mit: **FERTIG-TOMATENSOSSE, WÜRSTCHENSCHEIBEN**

- Kartoffeln und Möhren schrubben. Dann klein schneiden und zwar einigermaßen gleich groß. Mach mal Würfelgröße (Kartoffeln) und dünne Scheiben (Möhren), das geht schneller, wenn du Kohldampf schiebst.

- Öl in der Pfanne erhitzen. Dann alles in die Pfanne schmeißen. Das muss richtig zischen, nicht ständig rühren, denn hier und da sollen die Kartoffelwürfel braun angebraten werden. Unter Pros: Du willst, dass sich die „Röstaromen" entfalten. Dann Flamme auf halbe Stufe runterdrehen.

- Mit den Tomaten ablöschen (also reinkippen). Das Ganze lässt du bei milder Hitze leicht köcheln, bis alles gar ist. Ist ein bisschen Fertig-Tomatensoße vorhanden, jetzt wäre der richtige Zeitpunkt, sie reinzurühren. Idealerweise Würstchen noch drüberschnippeln.

FLEISCH AUF BREI

Vorausgesetzt, du bist kein Vegetarier, stimmst du mir sicher zu. Manchmal braucht man ein richtig schönes, rustikales Stück Fleisch zwischen den Zähnen. Leider ist es oft verdammt teuer. Und deshalb muss das Ergebnis dann auch echt überzeugend sein. In diesem Fall hier habe ich Schwein genommen. Aber natürlich könnt ihr so gut wie jede Fleischart kombinieren. Sollte wirklich gar kein „Fleischgeld" übrig sein, kann ich euch versichern, dass der Kartoffelbrei und die Zwiebeln auch so genial schmecken.

Du brauchst: 1 Schuss **ÖL** ▪ 2 große **ZWIEBELN** (In Deutschland heißen die Gemüsezwiebeln und sind in etwa so groß wie ein Baseball. Sind nur normal große zu kriegen, einfach ein paar mehr nehmen.) ▪ 5 mittelgroße **KARTOFFELN** (am besten mehligkochende) ▪ ½ TL **SALZ** ▪ 100 ml **MILCH** ▪ 35 g **BUTTER** ▪ ½ TL **ZUCKER** ▪ 2 EL **ÖL** ▪ 1 schöne Scheibe **FLEISCH** (hier Schweinenacken)

Ausrüstung: 1 großer **TOPF** ▪ 1 **PFANNE** ▪ 1 **SIEB** (optional) ▪ 1 **KARTOFFELSTAMPFER** (optional)

ZWIEBELN

Die dauern am längsten, weil wir sie richtig schön goldbraun, süß und flutschig haben wollen.

- Die Zwiebel schälen und in feine Scheiben schneiden.
- Einen guten Schuss Öl in die Pfanne gießen, bei mittlerer Einstellung erhitzen. Die Zwiebelscheiben reinpacken. Die lässt du ein bisschen brutzeln und rührst sie nach drei

Minuten um, sodass die Ringe sich trennen. Wenn sie etwas braun sind, Gas runterdrehen und bei kleiner Hitze noch weitere 30 Minuten köcheln, bis sie so aussehen wie auf dem Foto. Dann noch den Zucker drüberstreuen, damit die Scheiben karamellisieren. Weil das fancy as fuck ist. Warm halten!

KARTOFFELBREI

- Kartoffeln gut abschrubben und vierteln (Du kannst die Knollen natürlich auch schälen. Ich mag's lieber, wenn ich im Püree die Schale drinhabe. Meiner Meinung nach viel besser! Aber mach halt, was du willst, Pussy ...). Dann in einem Topf mit Wasser und etwas Salz versenken, richtig weich kochen (so 20 Minuten). Abgießen – im Sieb, wenn vorhanden, sonst Deckel anlüften und das Wasser abgießen. Pass auf deine Flossen auf!

- Den noch warmen Topf bei mittlerer Hitze auf den Herd pflanzen, Milch mit der Butter und dem Pfeffer zusammen reinkippen. Wenn die Milch fast anfängt vor Freude zu sprudeln, nimm den Topf vom Herd. Die Kartoffeln rein und zermatschen. Am einfachsten mit dem Stampfer. Aber für die Feinmechaniker unter euch tut es auch eine Gabel. Warm halten!

FLEISCH

Hauptdarsteller in unserem Geschmacksgedicht (ja, mein Ernst!).

- Heiz den Backofen auf 120 Grad vor (am besten schon, wenn du Zwiebeln und Kartoffeln kochst).

- Dann gut 2 Esslöffel Öl in die Pfanne packen. Die lässt du volle Pulle heiß werden (merke: Fleisch NIEMALS in eine kalte Pfanne tun!). Du kannst das testen, indem du einen ganz, ganz, ganz kleinen Tropfen Wasser in die Pfanne ploppen lässt (Achtung! Spritzt!). Zischt das, Platte auf halbe Temperatur runterdrehen, bis 10 zählen, Fleisch reinlegen. Du brätst jede Seite, bis sie hübsch braun ist. Es kommt zwar auf die Stärke vom Fleisch an, aber ich garantiere dir, es ist noch nicht durch. Also für 10 Minuten ab in den Ofen. Hat die Pfanne allerdings einen Plastikgriff, pack das Fleisch besser in eine Auflaufform oder brate es bei niedriger Hitze zu Ende.

Gar-Trick

„Englisch blutig" ist das Fleisch, wenn es sich so anfühlt wie der Daumenballen, wenn du den Daumen gegen den Zeigefinger drückst.
„Medium" ist es, wenn sich das Fleisch so anfühlt wie der Ballen, wenn du den Daumen gegen den Mittelfinger presst. Und „gut durch, aber noch nicht trocken" ist es, wenn ... bla, bla ..., Ringfinger gegen Daumen. Du weißt, was ich meine. Eine andere Möglichkeit ist natürlich, das Fleisch beizeiten mal anzuschneiden. Aber das geht maximal zweimal, weil dadurch natürlich der Saft rausläuft und du dann mit Chance nur noch eine Schuhsohle hast.

RATTE AUF ROLLSPLITT

Dies ist ein Rezept von meinen besten Freunden, die in Australien work & travel gemacht haben, während ich in Neuseeland war. Jan, Jannik, Phillip, Matthias und Theo (nein, es wird kein Bananenbrot Rezept geben) sind zwar begnadete Nudelköche. Bei diesem Rezept ist ihre Kreativität aber förmlich explodiert. Allerdings frage ich mich bis heute, warum es nicht „Totes Känguru auf Rollsplitt“ heißt. Ja Jungs, ich weiß, was ihr letzten Frühling getan habt!

Du brauchst: 1 Tasse **REIS** ▪ 200 g **HACK** ▪ 4 TL **TOMATENMARK** ▪ 200 ml **WASSER** ▪ ca. 3 TL **RINDERBRÜHEPULVER** (achte auf die Packungsanleitung) ▪ 2 **BANANEN**

Ausrüstung: 1 **TASSE** ▪ 1 **TOPF** ▪ 1 **PFANNE** ▪ 1 **PFANNENWENDER**

- Den Reis mit der doppelten Menge Wasser in einem Topf gar kochen. Hack in einer Pfanne anbraten und mit Salz und Pfeffer würzen.

- Nun löst du die Brühe in ein wenig heißem Wasser auf und mischt sie mit dem Tomatenmark. Gib sie zum Hack und heb sie drunter. Die Bananen in dünne Scheiben schneiden und so in die Soße „manschen“, dass keine Stückchen mehr vorhanden sind. Den Reis abgießen und zur Ratte und der Soße geben. Alles gut vermengen.

THOMMY'S BLUMENKOHLTOPF

Thommy habe ich beim WWOOFen in der Golden Bay kennengelernt. Er ist Tscheche, war früher selbst WWOOFer und hat sich dann irgendwann entschlossen, die Tochter einer seiner Host-Familien zu heiraten. Und ja, die waren auch einverstanden. Das hier ist ein klassisch-tschechisches Sommergericht, weil leicht, billig und schnell auf dem Teller.

Du brauchst: 1 **BLUMENKOHL** ▪ 2 frische (!) **EIER** ▪ **BUTTER**

Ausrüstung: 1 großer **KOCHTOPF** ▪ **STAMPFER**

Geiler wird's mit: **MUSKAT**

- Blumenkohl zerteilen und im Topf bissfest kochen. Wasser abgießen und den Kohl zerstampfen.

- Die zwei Eier über den noch warmen Blumenkohl hauen und rühren. Es sollte nicht stocken, sondern praktisch eine Art Soße ergeben. Mit Butter, Salz und Pfeffer (bestenfalls mit Muskat) abschmecken.

HANNI'S FLOTTE KARTOFFELSUPPE

Du brauchst: 5 mittelgroße **KARTOFFELN,** klein geschnitten ▪ 1,5 l **BRÜHE** ▪ 250 ml **MILCH**

Ausrüstung: 2 **TÖPFE** ▪ 1 **STAMPFER** (Pürierstab)

Geiler wird's mit: draufgestreutem gebratenem Bacon, Lauch und/oder Knoblauch. Oder ordentlich geriebenen Käse darin versenken.

- Koch die klein geschnittenen Kartoffeln, bis sie ganz weich sind. Gieß das Wasser ab und zermatsche die Kartoffeln oder püriere sie. Dann zur Seite stellen.

- Die Brühe ein paar Minuten köcheln. Dann fügst du deinen Kartoffelbrei hinzu und verrührst das ganz ordentlich! Weitere 15 Minuten kochen (reduzieren). Dann laaangsam die Milch unterrühren, salzen und pfeffern.

Übrigens: Hoffe im Hostel nicht auf Küchenpapier, Backpapier, Alufolie, Gewürze oder sonst irgendwas, was zu Hause selbstverständlich immer griffbereit war. Improvisation ist alles.

SUPPE THAILÄNDISCHE ART

Heißt der Ordnung halber so, weil die Zutaten nicht traditionell thailändisch sind – und ich hier niemanden offenden will.

Du brauchst: 1 Würfel **GEMÜSEBRÜHE** ▪ 350 ml **WASSER** ▪ 125 ml **KOKOSNUSSMILCH** ▪ ca. 1 TL **ROTE CURRYPASTE** (Bekommst du in jedem Supermarkt, kostet ein bisschen was, ist aber 'ne gute Investition, wenn du gerne asiatisch isst. Du brauchst auch immer nur sehr wenig.) ▪ **WÜRSTCHEN, BACON** oder **AUFSCHNITT,** Menge nach Appetit ▪ 5 mittelgroße **KAROTTEN** ▪ 1 Handvoll **ERBSEN** (Gibt auch schon tolle Gemüsekombi im Tiefkühler. Besonders passend: der Asia Mix.) ▪ Kleine **NUDELN** (am besten Reisnudeln, musst du eben bisschen rumsuchen)

Ausrüstung: 1 großer **TOPF**

- Das Wasser aufkochen und den Brühwürfel darin versenken. Von der Flamme nehmen und die Kokosmilch einrühren. Wieder auf die Flamme stellen, die Currypaste unterrühren und aufkochen lassen (pass auf, kocht schnell mal über – und das ist eine echte Sauerei).

- Reisnudeln ohne Vorkochen in die Suppe schmeißen (hast du normale Pasta, koch sie vorher al dente vor). Die klein geschnittenen Möhren und die Erbsen hinein, noch etwas weiterkochen, bis es gar ist. Nun noch das Fleisch reinwerfen, kurz warm ziehen lassen.

THAI-SOSSE

Funktioniert genauso, nur dass du keine Brühe nimmst, sondern 250 ml Kokosmilch. Außerdem musst du stärker würzen. Dazu gibt es natürlich mehr Nudeln oder auch Reis.

BLITZSCHNELLER GEMÜSEEINTOPF

Das ist eines meiner absoluten Lieblingsgerichte! Denn hier erlebst du die Einfachheits-Geilness-Skala am absoluten Maximum. Und es gibt nichts, das zufriedener macht als eine heiße, selbst gemachte Suppe. Fast nichts.

Du brauchst: **TIEFKÜHLGEMÜSE** nach Lust und Laune ▪ 1 Topf **CRÈME FRAÎCHE/FRISCHKÄSE** 10 %

Ausrüstung: 1 großer **TOPF** ▪ 1 **STAMPFER** (besser, falls vorhanden, Rührstab)

Vielleicht wunderst du dich über die fehlenden Mengenangaben in diesem Rezept, aber ich habe drei gute Gründe, sie wegzulassen:

1. Du kannst damit dein Abschätzungsvermögen trainieren.
2. Die Geschichte ist so einfach und so variabel, dass es eh keinen Sinn machen würde.
3. Habe bei dem Rezept noch nie irgendwas abgemessen.

- Du kaufst dein Lieblings-Tiefkühlgemüse und packst so viel in einen großen Topf, wie du Bock hast. Das übergießt du mit Wasser, bis es knapp bedeckt ist. Jetzt alles kochen, bis es gar und weich ist (Gabeltest).

- Den Topf von der Flamme nehmen und das Gemüse stampfen oder pürieren. Mit Gewürzen abschmecken und einen fetten Klecks Crème fraîche und/oder Frischkäse unterrühren.

- Magst du die Suppe etwas cremiger, koch sie einfach noch ein bisschen ein. Ist sie euch zu dick, ein bisschen Wasser oder Milch zugeben. Rest im Kühlschrank aufbewahren. Die Suppen kann man übrigens auch hervorragend weg-freeeeezen.

Welchen Gemüsemix du nimmst, ist total Wayne. Falls du null Bock auf Selberdenken hast: Meine Alltimefavorites sind Erbsen. Die vor dem Pürieren mit frischer Avocado mixen.

MAMA'S WG-KÄSESUPPE

Das hat meine Mutter in ihrer WG von ihrem Mitbewohner Andreas Besch gelernt und seitdem erst alle Gäste, die nicht bei drei auf dem Baum waren, und später ihre Kinder damit beglückt. Supereinfach und echt lecker, was mir eine Menge Mitesser bestätigt haben.

Du brauchst: 250 g **HACK** ▪ 1 große **ZWIEBEL** ▪ 3 EL **ÖL** ▪ 1 **TÜTENSUPPE** (egal, ob Spargel, Pilze oder sonst was, Hauptsache, hell) ▪ Je nach Flüssigkeitsmenge (siehe

Zubereitung auf der Suppen-Packung) 1-3 Packung/en **SCHMELZKÄSE** (falls nicht vorhanden, Frischkäse nehmen oder einen Klotz festen Käse reinhobeln)

Ausrüstung: 1 großer **TOPF** ▪ 1 **Pfannenwender** ▪ 1 **Schneebesen**

- Das Öl in den Topf kippen, erhitzen und das Hackfleisch kräftig anbraten. Das Fleisch dabei mit dem Pfannenwender hin und herschieben, bis das Hack krümelig ist. Die fein gewürfelten Zwiebelwürfel reingeben, alles weiterrühren, bis sie glasig sind.

- Wasser zugeben (Menge siehe Suppen-Packung), das Suppenpulver reinrieseln lassen und (falls vorhanden) mit dem Schneebesen einrühren und aufkochen. Dann unter Rühren den Käse zugeben, bis die Suppe cremig ist. Dann nach Anleitung fertig kochen lassen.

- Den Topf von der Flamme nehmen und (falls vorhanden) ein paar frische Kräuter drüberrieseln.

Die schmecken in allen Suppen

FLEISCHBÄLLCHEN

- Du nimmst rohe Würstchen, drückst das Brät (die Masse da drin) raus, formst Miniklopse und wirfst die in heißes Wasser. Gar kochen, rausfischen und die Brühe als Flüssigkeit für die Suppe nehmen. So sparst du das Würzen und bekommst easy geile Fleischbällchen.

Zum Überleben brauchst du Eier

Wie Oliver Kahn einst treffend sagte, ich zitiere: „Eier! Wir brauchen Eier!“
Recht hat er. Nicht nur der FC Bayern braucht die, du auch. Denn die haben Proteine, halten lange und das Beste: Sie sind eigentlich überall zu kriegen und noch dazu billig!
Du solltet Eier erst würzen, wenn sie schon gestockt sind (heißt, der Glibber fest geworden ist)! Wenn du Gewürze vorher reingibst, laufen die an einigen Stellen zusammen. Woran das liegt? An der natürlichen Teilchenträgheit von Osmose … Nein, ich habe absolut keine Ahnung, bin 'ne Chemie-/Bio-Niete! Dafür weiß ich, dass die Hauptstadt von Sierra Leone Freetown heißt.
Oh, und heul jetzt nicht von wegen: „Wäh, wäh, Cholesterin, wäh, so viel, wäh, ungesund, wein, wein.“ Das ist ein Mythos! Genauso enthält eine Packung Spinat nicht ein mü so viel Eisen wie ein Eisenbahnschienenbolzen! INFORMIER DICH, bevor du mir die Ohren volllauchst … geeez!

Wenn ihr irgendwo unterwegs seid, wo ihr selber an Eier kommt, die gerade frisch gelegt worden sind, legt sie unbedingt zwei Tage in den Kühlschrank, damit sie richtig schmecken. Das weiß ich seit meinem WWOOFen in Gisborne. Sonst schmecken sie nämlich scheiße. E-k-e-l-i-g-e Erfahrung, bäää, spei!

Geheimwaffe für Resteverwertung

OMELETT

Du brauchst: 4 **EIER** ▪ **TOPPINGS** frei Schnauze ▪ etwas **ÖL**

Ausrüstung: 1 mittlere **SCHÜSSEL** ▪ 1 **SCHNEEBESEN** ▪ 1 **PFANNE**

- Du haust die Eier in eine Schüssel und dann richtig schön schaumig schlagen! Je länger du den Schneebesen dadurch fegst, desto besser, denn das macht wirklich einen Unterschied in der Fluffigkeit! YOLO, macht einfach mal!

- Dann das Ganze in eine heiße, gut gefettete Pfanne. Auf geringe Temperatur drehen und langsam garen. Das Geheimnis eines guten Omeletts ist, dass du es nicht überhastet umdrehst! Einfach so lange auf einer Seite und geringer Temperatur garen, bis es oben nur noch ein bisschen schleimig ist. Dann dein Topping drauf! Das kann alles sein! Resteverwertung at it's best! Klassiker sind hier Käse und/oder Tomaten und/oder Spinat und/oder etc. pp. (Wofür steht etc. pp. eigentlich? Gerade zu faul zum Googeln. Wer mir die Antwort zu trololol@trottel.co.nz schickt, bekommt ein Omelett von mir). Spaß beiseite, probiert mal was Gewagtes und macht auf das Omelett zermatschte Avocado. Ich bin darauf echt abgegangen. Superlecker!

POACHED EGGS

Ein Klassiker – zumindest in Neuseeland. Als ich auf meinem Trip in Queenstown in einem Restaurant gearbeitet habe, war das DAS Gericht, das (GRAMMATIK OVERLOAD!) ich am meisten durch die Gegend geschleppt habe! Besonders auf Toast mit dick und fett Mayo ein Gedicht! Ist aber doch schon 'ne Übungssache, ein perfektes Poached Egg (oder bei uns zu Lande die Eier von einem gewissen Herrn Benedikt) zu machen.

Du brauchst: **EIER ▪ WEISSEN ESSIG**

Ausrüstung: 1 mittelgroßer **TOPF ▪ 1 SCHÖPFKELLE**

- Du greifst dir einen Topf, füllst Wasser rein und dann noch einen guten Schuss Essig. Dann erhitzt du es. Es darf NICHT kochen! Perfekt ist kurz davor, so um die 90 °C!

- Dann schlägst du das Ei auf einem großen, löffelartigen Gegenstand – a.k.a. Schöpfkelle – auf. Gaaaaanz vorsichtig! Wir wollen nicht, dass du das Eigelb massakrierst. Dann lässt du das Ding langsam ins Wasser gleiten und da gut fünf Minuten lang rumschwimmen. Danach fischt du es wieder raus, außen sollte es gestockt haben und innen das Eigelb warm und flüssig sein. Sieht 'n bisschen pervers aus, gebe ich zu, aber ist schon cool! Echt!

Weichei oder hart gekocht?
Jeder weiß, die Königsdisziplin der Eierkunde ist das Eier-im-Topf-Kochen. Man munkelt, die Queen lässt sich jeden Morgen 10 Eier mit unterschiedlicher Garzeit servieren, um sich dann ihre Lieblingskonsistenz auszusuchen. Aber wer hat schon jeden Morgen Bock, 10 Eier zu testen? Also hier dein Spickzettel:

1. In kaltem Wasser starten, sorgt für gleiche Voraussetzungen. Spart auch das bekloppte Lochreinstechen. Das ist nur nötig, wenn kalte Eier ins heiße Wasser geworfen werden und wegen des Schocks platzen.
2. 3 Minuten – kannst du trinken / 5 Minuten – Eigelb noch flüssig, Eiweiß fest / 8 Minuten – das Eiweiß ist fest, das Eigelb ist nur im Kern eine Spur flüssig („wachsweich") / 9 Minuten – Eiweiß und Eigelb sind fest, je länger das Ei nun weitergekocht wird, desto trockener wird es.
3. Großzügig mit kaltem Wasser abschrecken garantiert einfaches Abpellen.

UNGESUNDER EIERSALAT

Wir Deutsche sind ja die Weltmeister in der Zubereitung von möglichst ungesunden und damit auch den leckersten Salaten. Na ja, wir nennen sie zwar Salat, aber meinen damit nicht das gesunde, frische Grünzeug, das man in den meisten Fällen aus schlechtem Gewissen knabbert, weil die Waage ausschlägt wie bekloppt. Hier also noch mal was für all die Backpacker, die auf vernünftige ungesunde Hausmannskost stehen.

Du brauchst: 5 **EIER** ▪ halbe **ZWIEBEL** ▪ 50 g weiche **BUTTER** ▪ ½ TL **SENF** ▪ 1½ TL **MAYONNAISE**

Ausrüstung: 1 mittlere **SCHÜSSEL**

- Erst mal nimmst du die Eier und kochst sie richtig schön hart (wie das geht, weißt du jetzt ja).
- Jetzt pellst du die (selbstverständlich vorher abgeschreckten) Eier und schneidest sie in kleine Würfel – oder versuchst das zumindest. Meine ersten Versuche waren eher breiig. Aber Übung macht ja bekanntlich den Meister.
- Nun schnippelst du auch die Zwiebel in kleine Würfel. Heul doch! Dann mischt du die Würfel mit allen anderen Zutaten in einer Schüssel.
- Das Ganze schmeckst du jetzt mit Salz und Pfeffer ab. Damit es etwas cremiger wird, kannst du auch ein bisschen Brühe reintun. Aber nicht zu viel, sonst wird der Geschmack zu dominant.

- Falls du doch das Gefühl hast, vor der Surfsaison noch ein bisschen Bauchspeck loswerden zu müssen, nimm zähneknirschend Joghurt/Sourcream statt Mayonnaise. Und hau noch Gurke und Tomate in den ungesunden Salat. Die machen satt und sind fast so kalorienarm wie Wasser. Bist du scheiße im Schwimmen und brauchst noch einen Rettungsring oder bist ein Gourmet, hau noch mehr Mayonnaise in den Salat. Gönnung!

RÜHREI-REZEPT

Wir kümmern uns jetzt mal um ein richtiges Rührei-Rezept. Denn Rührei ist nicht gleich einem Omelett oder Spiegelei, das beim Umdrehen kaputtgegangen ist und nur noch durch hysterisches Rühren zu retten wäre.

Du brauchst: 4 **EIER** ▪ 1 Schuss **MILCH** ▪ etwas **ÖL**

Ausrüstung: 1 **SCHÜSSEL** ▪ 1 **BESCHICHTETE PFANNE** ▪ 1 **PFANNENWENDER**

Geiler wird's mit: 1 Schuss **SAHNE** statt der Milch

- Du nimmst Schüssel. Du machst Eier rein. Du machst Milch rein. Dann rührst du, bis es schaumig ist. Rührei, bitch.

- Jetzt die Pfanne mit einem bisschen Öl und einem Küchenpapier auswischen, auf volle Hitze drehen. Ist die Pfanne heiß, auf mittlere Hitze runterdrehen und die Eimasse reinkippen. Die mit einem Pfannenwender sanft hin und her schieben. Jeder mag sein Rührei anders, glibbrig oder trocken. Lass es einfach so lange braten, bis es deine Lieblingskonsistenz hat.

- Easy as ...

BREAKFAST BURRITO

Das ist ein Rezept, das ich von einem Ami namens Alex habe, mit dem ich gut zwei Monate durch die Gegend gezogen bin. Ob du es glaubst oder nicht, aber dieses Gericht war sein bevorzugtes Frühstück ... MURICA! Könnt ihr natürlich auch machen, aber ich versichere euch, für den gemeinen Mitteleuropäer ist das auch durchaus ein nicht gerade bescheidenes Mittagessen.

Du brauchst: 2 **BURRITO-FLADEN** (gibt es fertig im Supermarkt, notfalls auch Tortilla-Pfannkuchen) ▪ Das **RÜHREI** von oben ▪ Ein paar **SALATBLÄTTER** ▪ 6 Scheiben **BACON**

Ausrüstung: 1 beschichtete **PFANNE**

- Die Baconscheiben in der Pfanne ausbreiten (Fett ist nicht nötig, der Speck ist selbst fett genug), auf mittlerer Hitze knusprig braten, wenden.

- So, du nimmst nun die Fladen und breitest sie vor dir aus. Das Grundprinzip ist simpel: Du packst den Bacon zusammen mit allen anderen Leckereien (Alex hat gerne noch Mayo, Ketchup und Bohnen sowie andere Essensreste

reingefüllt. Kann man machen, muss man aber nicht.)
auf die Fladen, rolle sie zusammen.

Nie wieder falsch gewickelt

Der Clou ist allerdings die Wickeltechnik. Ich versuch das jetzt mal einigermaßen idiotensicher für dich aufzuschreiben: Du platzierst die Füllung etwas links auf dem Burritofladen. Jetzt klappst du die untere Seite bis zu einem Drittel hoch. Da hältst du sie fest, während du anfängst, den Burrito von der linken Seite aus aufzurollen – und zwar so fest wie möglich, ohne dass das Ding platzt. Etwas fummelig, aber beim zweiten klappt es garantiert schon besser. Jetzt nicht loslassen, sondern den Burrito mit beiden Händen packen und reinbeißen. Oder auf die Seite legen, auf der die „Naht" (ich hoffe, du weißt, was ich meine, denn ich habe gerade keine Ahnung, wie ich die Stelle sonst nennen sollte) ist. So rollt sich das Ding nicht wieder auf.

Weißmehlscheiß-Pimperei

Überall außerhalb von Deutschland ist gesundes Vollkornbrot unbekannter als Pygmäen-Stämme im Amazonas-Gebiet. Mein Tipp: Weißbrotpampe anders verpackt oder getarnt – rutscht besser und macht was her …

Manchmal kommt man an einen Punkt, da hat man keinen Bock auf großartige Koch-Arien (oder ist einfach komplett pleite) und gönnt sich doch mal ein Paket wabbelweiches Toastbrot (Yolo, diggah!). Doch was machst du mit dem Rest? Wegschmeißen? Als Backpacker? Nur über unseren leeren Geldbeutel!!

SEMMELKNÖDEL

Selbst am Ende der Welt bist du nicht sicher vor den Bayern. Als eingefleischter HSV-Fan, der von seinen Kumpels in der Heimat selbstredend live aus dem Stadion die Bundesliga-Ergebnisse gesimst bekommt, war die Begegnung mit einem ebenso eingefleischten Bayern-Fan … Nun ja, wie sage ich es nun höflich, Johannes?! Eins muss ich der fleischgewordenen Lederhose aber zugestehen: I proudly present ultrageile Allgäu-Knödel. Ein Riesenklops Weißmehlscheiß, der auf einen See Tütensoße gesetzt wird und dann göttlich schmeckt. „Luja ssog i" – oder so ähnlich.

Du brauchst: 250 g altbackenes **BROT** (am besten Brötchen, sind etwa 5 Stück), grob gewürfelt ▪ 250 ml **MILCH** ▪ 1 **EI** ▪ 1 **ZWIEBEL** ▪ 70 g **BUTTER** ▪ 50 g **MEHL**

Ausrüstung: 1 **RÜHRSCHÜSSEL** ▪ 1 **TOPF**

Geiler wird's mit: 1 Prise **MUSKAT** ▪ **PETERSILIE** (beides einfach in die Masse rühren)

- Das Ei verrührst du gut mit der Milch. Prise Salz rein und über die Brotwürfel kippen, ziehen lassen.

- Butter einige Sekunden in die Mikrowelle stellen. Falls du keine hast, nimm weiche Butter. Die Zwiebel pellen und in kleine Würfel schnippeln. Dann mit der Butter in die Brotpampe kippen.

- Nun befeuchtest du deine Hände mit Wasser (so bleibt nicht die Hälfte Brotteig an deinen Patschegriffeln kleben) und beginnst, schöne Knödel zu formen. Schön fest pressen, damit sie dir beim Kochen nicht zerfallen.

- Knödel ca. 15 Minuten in leicht gesalzenem Wasser kochen (genau wie bei Nudeln, NICHT ins kalte Wasser, das Zeug muss bereits kochen!) Ach ja, und keinen Deckel drauf. Dann aus dem Wasser fischen und servieren.

SANDWICH, DER ALLTIME-KLASSIKER

Den ich zugegebenermaßen komplett vergessen habe – die ersten vier Monate. Aber so ein richtig geiles Sandwich mit Majo oder Hummus und Ketchup und Salat und Aufschnitt ... Das ist doch eine durchaus befriedigende Mahlzeit. Ich will dir jetzt hier nicht erklären, wie ein geiles Sandwich aussieht. Das solltest du, trotz G8, draufhaben. Aber ein Tipp: Probier mal, 'ne Scheibe Rote Bete mit draufzulegen. Zerstört mega. Und wenn mal kein Geld da ist, mach dir ...

... HUMMUS

Du brauchst: 1 kleine Dose **KICHERERBSEN** ▪ 3 EL **FRISCHKÄSE**

Ausrüstung: 1 kleine **SCHÜSSEL**

Geiler wird's mit: **ERDNUSSBUTTER** (einfach 1 EL unterrühren)

- Kichererbsen abgießen mit dem Frischkäse vermischen und richtig schön zermatschen. Mit Salz, Pfeffer und einem kleinen Schuss Öl abschmecken. Fertig!

FRENCH TOAST

Du brauchst (für 2 Toasts): 2 **EIER** ▪ 1 Schuss **MILCH** ▪ 2 Scheiben **TOASTBROT** ▪ **(ZUCKER)** ▪ **BUTTER** (oder Öl) für die Pfanne

Ausrüstung: 1 **SCHÜSSEL** oder 1 tiefer Teller

- Du nimmst die Eier und schlägst sie mit einem Schuss Milch und einer Prise Salz in einer Schüssel auf. Wenn du dir richtig die Dröhnung geben willst, dann haust du noch Zucker in die Mischung.

- Danach tunkst du das Weißbrot in dein Rumgeeiere und brätst es in heißem Fett aus. Bei mittlerer Hitze, damit es gar wird, aber nicht verbrennt. Fertig!

DIE BESTEN CROÛTONS EVER

Jeder Weißbrotrest lässt sich ruck, zuck in Croûtons verwandeln. Und die peppen eigentlich jede Mahlzeit auf.

Du brauchst: **TOASTBROT** oder **BAGUETTE ▪ BUTTER**

Ausrüstung: 1 **PFANNE/ TOPF ▪** 1 **PFANNENWENDER**

- Toastbrot ohne Rinde in kleine Würfel schnitzen. In eine beschichtete Pfanne werfen und auf mittlerer Hitze knusprig anbraten. Oft wenden, die kokeln sonst schnell an. Nach zwei Minuten 2 EL Butter in die Pfanne geben (bei nicht beschichteter Pfanne oder Topf gleich zum Brot geben).

KRÄUTER-CROÛTONS

- Statt der Butter Kräuterbutter nehmen. Plus Rosmarin oder Thymian. Hast du keine frischen Kräuter, panierst du die Würfel kurz vor fertig mit einem Schwung Trockenkräuter.

KNOBLAUCH-CROÛTONS

- Pfanne mit einer frischen Knoblauchzehe einreiben, die Zehe dann mit dem Brot und der Butter braten.

ULTRASCHARFE WÜRFEL

- 1 Chili fein (wirklich fein!) würfeln und in die zerlassene Butter werfen. Rühren. Dann die Brotwürfel dazu. VORSICHTIG testen (Joghurt hilft gegen Brennen).

Auch für unterwegs! Croûtons kann man sogar mitten der Pampa auf einem gurkigen Mini-Gaskocher hinkriegen.

Bevor ich es vergesse: Jetzt noch etwas Ultrawichtiges ...

DIE MUTTER ALLER SOSSEN

Wenn du mal keine Lust mehr hast auf die Fertigsoßen ausm Supermarkt, hier ist die Mutter aller Soßen:

Du brauchst: 2 EL **BUTTER** ▪ 2 EL **MEHL** ▪ 250 ml **MILCH** ▪ **SALZ** und **PFEFFER**

Ausrüstung: 1 **TOPF** (notfalls Pfanne) ▪ 1 **SCHNEEBESEN**

- Die Butter schmelzen. Dann das Mehl drüberstreuen und mit dem Schneebesen einrühren, bis es sich aufgelöst hat.
- Laaaaaangsam, aber konstant die Milch dazugießen. Dazwischen immer wieder mit dem Schneebesen rühren, damit es keine Klümpchen gibt. Nach und nach wird die Soße immer dicker.
- Zuletzt noch ein Atömchen weiter vor sich hin köcheln lassen und mit Salz und Pfeffer abschmecken.

Das ist schon ganz lecker, aber du kannst mit dieser Soße praktisch jede erdenkliche Art von geilen Soßen machen. Also kommen wir zu einigen echt leckeren Varianten.

Varianten:

KÄSE-SOSSE Nimm die Pfanne von der Flamme. Dann 50 g Käse versenken und einschmelzen.

CURRY-SOSSE Einfach zum Mehl 1 bis 2 TL Currypulver mischen.

EI-SOSSE (Ja, du hast richtig gelesen – derbe geiles Zeug). Hau einfach drei klein gehackte gekochte Eiweiße rein. Die Eigelbe bröselst du am Ende drüber.

ZWIEBEL-SOSSE Brate einfach Zwiebelstückchen in der Butter, bis sie leicht bräunlich sind. Lecker!

PETERSILIEN-SOSSE Nimm die Pfanne von der Flamme und versenk dann 3-4 Esslöffel Petersilie in der Soße.

TOMATEN-SOSSE Ersetze die Milch durch 125 g passierte Tomaten (für Hardcore-Ketchup-Lover kann es auch Ketchup sein ...) und 125 ml Wasser.

ERDNUSS-SOSSE 2-3 Esslöffel Erdnussbutter versenken. Ahoi!

BBQ-MARINADEN

Zumindest in Neuseeland und Australien wird es dir öfter passieren, dass du ein richtiges BBQ machst. Egal, wo. Aber fertig mariniertes Fleisch gibt's nur selten und wenn, ist es teuer. Also, selbst ist der Backpacker:

BARBECUE-MARINADE: 2 EL **TOMATENSOSSE** (Ketchup tut's auch) ▪ 1 TL **ZUCKER** ▪ 1 EL **SOJASOSSE** ▪ 60 ml **CHILISOSSE** ▪ 2 **KNOBLAUCHZEHEN,** klein gewürfelt

- Mix alles zusammen, rühr's gut um. Dann lass das Fleisch mindestens eine Stunde in der Marinade. Passt zu jedem Fleisch: Rind, Hühnchen, Lamm und Schwein.

CHINESISCHE MARINADE: 60 ml **KIRSCHSAFT** (jeder andere Saft geht auch wunderbar, nimm, was da ist – nimm, was schmeckt) ▪ 1 EL **SOJASOSSE** ▪ 1 EL **HONIG** ▪ 2 **KNOBLAUCHZEHEN,** klein geschnippelt ▪ 1 EL **INGWERPULVER**

- Alle Zutaten mischen. Fleisch in Marinade versenken und mindestens eine Stunde ziehen lassen.

- Passt zu Schwein, aber der richtige Burner ist das mit Hühnchen!

KIWI-MARINADE (wenn du das Neuseeländern zeigst, freuen die sich 'nen Ast ab): 2 **KIWIS,** miniklein geschnitten ▪ 1 EL **HONIG** ▪ 2 TL **INGWER-PULVER** ▪ **PFEFFER**

- Alles gut zusammenrühren. Das Fleisch damit einschmieren und mindestens 15 Minuten ziehen lassen.

- Passt zu Rind und Lamm.

Gönn dir 'ne Flasche Bier (dürfen auch gerne zwei sein), während das Fleisch in der Marinade liegt. BBQ eben …

KOCHEN SÜSS

PORRIDGE

Hat sich zu meinem Lieblingsfrühstück entwickelt! Megabillig, superschnell und gesund! Auf Deutsch zuweilen auch unter dem Namen Haferbrei bekannt. Ja, du hast richtig gelesen, Haferbrei. Aber nur, weil man es vom Hörensagen kennt und immer wieder in Filmen angewiderte Gesichter sieht, solltest du dich nicht abschrecken lassen.
Übrigens war ich nicht der Einzige in Neuseeland, der sich das Zeug morgens reingezogen hat wie ein Besengter. Besonders an kalten Tagen war es DAS Backpacker-Frühstück. In Queenstown war es einen Tag megakalt, gefühlt Sibirien. Vier andere Backpacker und ich haben uns rausgesetzt und Porridge gespachtelt – das beste Frühstück, das ich bis dato hatte.

Du brauchst: Eine Handvoll **HAFERFLOCKEN** ▪ **MILCH** (mit Wasser nicht ansatzweise so geil!) ▪ (Trocken-) **FRÜCHTE** und/oder **ZUCKER** (klassisch wird das mit braunem Zucker gegessen, aber wen interessiert's?)

Ausrüstung: 1 mikrowellenfeste **SCHÜSSEL** ▪ 1 **MIKROWELLE** (sonst auf dem **HERD** laaangsam erhitzen und ständig rühren)

- Haferflocken in die Schüssel schaufeln, Milch drauf, bis sie etwa einen Zentimeter über den Flocken steht (jeder, wie er mag: mehr oder weniger, probier dich durch), Obst rein. Dann ab damit für 3 Minuten in die Mikrowelle. Ab und zu mal umrühren (ist nämlich 'ne riesige Sauerei, wenn das Zeug überkocht. Schon ausprobiert. Alles gewollt und nur für dich!).

Mein persönlicher Favorit: Erst eine Banane mit 'ner Gabel zerquetschen, bis sie richtig schleimig ist. Dann alles drauf, wie oben beschrieben, umrühren (mir läuft gerade das Wasser im Mund zusammen. Ich werde mir jetzt sofort eine Schüssel von dem Schleim machen).

MOW'S PANCAKES

Du brauchst für 5 Pancakes: 125 g **MEHL** ▪ ⅛ TL **SALZ** (man könnte auch sagen: eine Prise) ▪ 1 **EI** ▪ 190 ml **MILCH** ▪ 1 EL **WASSER** ▪ 1 EL **ÖL**

Ausrüstung: 1 **PFANNE** ▪ 1 **RÜHRSCHÜSSEL** ▪ 1 **SUPPENKELLE**

- Mehl und Salz in eine Schüssel geben und das Ei dazu. Dann die Milch reingießen und den Teig so lange rühren, bis alle Klumpen verschwunden sind. Eine Stunde kalt stellen (macht das Ganze wirklich leckerer, warum auch immer. Geht bei großem Hunger notfalls auch ohne Zwangspause).

- Nun ist das Ganze ein bisschen dicker. Jetzt einen ganz kleinen Schuss Wasser zukippen, sodass der Teig wieder die Original-Konsistenz hat.

- Dann mit einer Kelle portionsweise in eine beschichtete Pfanne, die vorher mit ca. 1 Esslöffel Öl ausgefettet wurde, gießen und bei mittlerer Hitze braten, bis der Minifladen, wie sagen Köche so gerne, goldbraun ist. Du musst den Pancake umdrehen, wenn sich oben schon ein paar Bläschen bilden.

REISPFANNKUCHEN

Die Asiaten sind die Meister der Wiederverwendung. Einiges äußerst fragwürdig, wenn man einen europäischen Magen besitzt, aber dieses Gericht ist echt top. Habt ihr Reis übrig, könnt ihr den mal in ganz anderer Manier verspachteln. Mein Dank für dieses Rezept gebührt einem kleinen Asiaten, den ich in Napier traf. No offence, aber ich habe schon Probleme, den Namen auszusprechen, da wage ich mich nicht ans Buchstabieren. Schon gar nicht als Luegastäniekiker.

Du brauchst für 4 Pfannkuchen: 100 g gekochten **REIS** ▪ 200 g **MEHL** ▪ 250 ml **KOKOSMILCH** ▪ 1 EL Öl zum **BRATEN**

Ausrüstung: 1 **SCHÜSSEL** ▪ 1 **PFANNE**

- Alles gut vermischen und eine halbe Stunde ziehen lassen. In einer gut eingeölten Pfanne bei mittlerer Hitze braten, wenden, wenn der Pfannkuchen oben kleine Blasen schlägt. Nach Tageszeit und Vorliebe mit Süßkram oder salzigem Zeug füllen, essen.

KARAMELLSOSSE MIT & OHNE SALZ

Ich sag dir, vorausgesetzt, du magst Karamell, macht diese Soße ALLES besser. Gieß sie über Eis, Waffeln, Pancakes oder Früchte. Du wirst es nicht bereuen.

Du brauchst: 75 g **BUTTER** (für die salzige Variante gesalzene Butter) ▪ 50 g **BRAUNEN ZUCKER** (geht auch wunderbar nur mit normalem weißem Zucker, aber so sieht's einfach besser aus) ▪ 50 g **WEISSEN ZUCKER** ▪ 50 g **GOLDEN SIRUP** (Honig komplementär) ▪ 100 ml **SAHNE** ▪ 1 TL **SALZ** (nur für die salzige Variante)

Ausrüstung: 1 **TOPF**

- Zucker, Sirup und Butter in einem Topf zusammen schmelzen und bei mittlerer Hitze 3 Minuten köcheln lassen. Dabei immer schööööön rühren, bis alles goldbraun ist.

- Ganz langsam (wirklich langsam, damit meine ich richtig langsam – traust du dich, es schnell zu machen? Lass es lieber!!!) die Sahne reingießen. Rühren, aufblubbern lassen. Fertig!

- Diese Salz-Geschichte ist Geschmackssache. Ich mag das ganz gerne. Auf jeden Fall, wenn du's salzig haben willst, nimmst du salzige Butter und zur Sahne kommt so automatisch Salz dazu. Hast du keine gesalzene Butter, füge 1 Teelöffel Salz hinzu.

HAWK'S BAY-APFELMUS

Für alle, die auf einer Farm jobben*: Was macht man mit Tonnen von Äpfeln, die weggeschmissen werden, wenn du sie nicht nimmst? Richtig! Apfelmus.
Megaeinfach, derbe lecker. Auch wenn es nicht ganz so aussieht wie zu Hause. Kommt halt auf die Apfelsorte an. Ich habe sogar überproduziert und unter der Hosteltheke Apfelmus vertickt. So ein bisschen Cash nebenbei ist ziemlich geil. Sie nannten mich dort „Apfelmow".

*sonst Supermarkt

Du brauchst: 1 kg **ÄPFEL** ▪ 100 ml **WASSER** ▪ 2 TL **ZUCKER** ▪ 1 TL **HONIG** ▪ **ZIMT** ▪ Einige alte, gereinigte und sterilisierte Gläser. Drei Sachen:
1. Fang rechtzeitig an zu sammeln, wenn du viele Äpfel hast. 2. Sterilisier die nicht mit Desinfektionsmittel, sondern schütte kochendes Wasser rein und drüber. 3. NEIN, Plastikgläser nehmen wir nicht

Ausrüstung: 1 großer **TOPF** ▪ 1 **STAMPFER/ZAUBERSTAB**

Geiler wird's mit: Zimt

- Du schneidest die Äpfel so klein du kannst. Ob du sie schälen willst, ist dir überlassen, dann solltest du es aber vor dem Kleinschneiden machen. Ich finde: Ohne Schale sieht das Mus später eher wie zu Hause aus. Aber wie wir es gelernt haben, stecken in der Schale ja die ganzen Vitamine.

- Topf auf die Flamme, volle Kanne. Dann einen Schuss Wasser mit dem Zucker rein. Sobald der aufgelöst ist, haust du die Äpfel drauf. Dann rührst du kurz um und löschst mit dem restlichen Wasser ab. Nun die Äpfel für ca. 10 bis 15 Minuten bei kleiner Hitze köcheln.

- Dann nimmst du den Topf von der Flamme und schnappst dir 'nen Kartoffelstampfer. Und fängst jetzt mit deinem Work-out an. Wenn der Arm anfängt wehzutun, hast du vielleicht die Hälfte geschafft. Schön stampfen, bis es die richtige, apfelmusige Konsistenz hat. (So ein Zauberstab zum Häckseln wäre natürlich ideal ... Ist aber in 99 Prozent der Hostels nicht verfügbar.)

- Mit Honig und Zimt abschmecken. Ist dir das Mus noch zu wässrig? Dann kochst du's halt solange weiter, bis es von der Konsistenz her deinen Geschmack trifft.

Tipp: Passt super zu Pfannkuchen oder ins Müsli. Also wenn ich's so recht bedenke – so ziemlich auf alles, was süß ist.

HUBI'S MILCHREIS

Dieses Rezept habe ich von der ersten Person, die ich auf meiner Reise kennengelernt habe. Hubert, ein Kaminbauer aus Österreich. Er war mein Sitznachbar auf dem Flug von Dubai nach Brisbane und genauso aufgeregt wie ich. Die Zeit ist wie im Flug (Badum Tzzz) vorübergegangen. Ein unfassbar cooler und freundlicher Typ. Daher von allen nur liebevoll Hubi genannt. Dieses einfache, aber geile Rezept hat er wiederum von seiner lieben Mama.

Du brauchst: 300 ml **MILCH** ▪ 1 EL **BUTTER** ▪ 3 EL **ZUCKER** ▪ 100 g (Milch-)**REIS**

Ausrüstung: 1 großer **KOCHTOPF**

Geiler wird's mit: **VANILLE** (Stange oder Zucker), Kakao, Schokolade

- Die Milch aufkochen, dann Butter rein, Zucker rein, Reis rein. Das ganze auf mittlerer Hitze köcheln lassen, bis die ganze Milch aufgesogen sowie der Reis schön weich ist.

- Das Ganze natürlich unter ständigem Rühren, damit der Reis nicht anbrennt. Glaub mir, den Topf willst du ansonsten nicht von Hand abwaschen.

Geht genauso gut auch mit normalem Reis, wenn du keinen Milchreis findest.

SAHNEREIS AUS SMÅLAND

Hat mir ein schwedisches Au-pair wärmstens empfohlen, als wir uns am Black Sand Beach von Piha beim Surfen getroffen haben. Sie hat mit dem Rezept die Kinder ihrer Familie zu ihren Fans gemacht. Mich auch. Nicht nur mit dem Rezept. Smaklig måltid, Carlotta!

Du brauchst: 1 Handvoll **REIS** ▪ 1 Prise **SALZ** ▪ 1 Becher **SCHLAGSAHNE** ▪ **ZUCKER**

Ausrüstung: 1 **TOPF** ▪ 1 **SIEB** ▪ 1 **SCHÜSSEL** ▪ 1 **RÜHRMASCHINE** oder **SCHNEEBESEN**

Geiler wird's mit: **APFELMUS** (Seite 48) ▪ frischen **ERDBEEREN**

- Wasser aufsetzen und wenn es kocht, salzen. Dann den Reis drin versenken und alles schön weich kochen.

- Die Sahne steif schlagen und hoffen, dass es im Hostel eine Rührmaschine gibt. Sonst heißt es für Männer Muskelaufbau-Training. Für Frauen geht das, glaube ich, noch als Yoga oder Zumba durch. Was auch immer gerade im Trend ist.

- Reis in einem Sieb abgießen und gut abtropfen lassen. Dann unter die Sahne heben und nach Geschmack zuckern. Leeeeckäääää!

OMA FRIEDERIKE'S MILCHNUDELN

Nur mal so nebenbei. Milchnudeln werden genauso gemacht. Nur wird halt der Reis durch Nudeln ersetzt und diese superweich gekocht. Dann aber weniger Milch nehmen, denn Nudeln saugen die nicht so gut auf – oder iss es halt als süße Suppe.
Ich habe gelernt, dass Milchnudeln irgendwie außer mir keine Sau kennt. Sind aber megalecker und erinnern mich an meine Kindheit bei meiner Omi. Ist noch jemand da draußen, der dieses Gericht kennt? (Wenn du's nicht kennst, sorg dafür, dass sich das ändert!)

Genialste Reise-Resteverwertung

COFFEE-FUDGE ANONYMUS

Dieses Rezept ist mir in einem Hostel an Neuseelands Ostküste in die Hände geraten. Es war auf einen kleinen Zettel gekrickelt und an die Innenseite meines Essensverstau-Schränkchen geklebt. Ich habe versucht, es zu entziffern, was mir wohl ganz gut gelungen ist. Alles, was ich nicht mehr lesen konnte, habe ich durch ein paar eigene Ideen „substituiert".

Du brauchst: 125 g **MEHL** ▪ 125 g **BRAUNEN ZUCKER** ▪ 1 TL **BACKPULVER** ▪ 50 g **KAKAOPULVER** ▪ 60 g **BUTTER** ▪ 125 ml **MILCH** ▪ 125 g **WEISSEN ZUCKER** ▪ 2 TL **INSTANT-KAFFEEPULVER** ▪ 200 ml **WASSER**

Ausrüstung: 1 **RÜHRSCHÜSSEL** ▪ 2-l-**AUFLAUFFORM** (mikrowellenfest) ▪ 1 **MIKROWELLE** (sonst auf dem Herd in einem Topf laaangsam erhitzen und ständig rühren)

Geiler wird's mit: 1 TL **VANILLE-ZUCKER** oder **AROMA** (irgendwas Vanilliges halt)

- Du vermischst das Mehl, den braunen Zucker, das Backpulver und zwei TL vom Kakaopulver.
- Jetzt die Butter in einem Topf schmelzen. Ist die schön klumpenfrei, kommt sie in die Rührschüssel. Die rührst du schon mal ein bisschen rein. Dann Stück für Stück auch die Milch in die Schüssel gießen. Rühren.
- Danach kippst du das restliche Kakaopulver, den weißen Zucker und die Vanille rein. Wieder gut rühren! Wenn das „Gegnubbel" rausgeglättet ist, die Masse in die Auflaufform kippen. Und zur Seite stellen.
- Kaffeepulver mit dem Wasser mischen, für 1 Minute auf höchster Stufe in die Mikrowelle packen. Wenn das Gemisch heiß ist, über die noch rohe Teigmasse kippen. Das Zeug, was sich jetzt in der Form befindet, kommt jetzt in die Mikrowelle. Höchste Stufe 10 Minuten. Fertööööög.

Tipp: Sehr geil auch mit Vanilleeis oder so.

Kochen für Könner & Gönner

ORANGEN-LECKERLIS

Das hier ist wohl das komplizierteste Rezept in diesem Buch. Das ist nur was für echte Backpacker. Wenn du's nicht drauf hast, lass die Finger von diesem Rezept und warte, bis du wieder bei deiner Mutter bist und die drum bitten kannst. Manch einer würde sagen, der Aufwand macht es unnötig. Aber es ist so gut, dass ich mich entschlossen habe, es hier reinzuknallen.
Das ist übrigens ein Rezept von Franzosen, die ich in Napier getroffen habe. Und ich kann sagen, die Haute Cuisine macht ihrem Namen alle Ehre. Die Franzosen allgemein sind sehr gute Köche und immer mit 'nem Gläschen Wein am Start. Stereotyp bestätigt. Ärmel hochkrempeln und los geht's:

Du brauchst: 1 Kilo **BIO-ORANGEN** (bedeutet: nicht mit Chemie oder Wachs oder ähnlichem Dreck bearbeitet) ▪ 1 **ZITRONE** ▪ 2 TL **SALZ** ▪ 300 ml **WASSER** ▪ 750 g **ZUCKER** ▪ **SCHOKOLADE** zum Einschmelzen (egal, ob zartbitter, Vollmilch oder weiß. Wir sind ja politisch korrekt)

Ausrüstung: Geduld und Zeit ▪ 1 **FRUCHTPRESSE** ▪ 1 großer **TOPF** ▪ 1 **TELLER**

- Die Orangen und die Zitrone in der Mitte durchschneiden und alle Hälften entsaften (eine Presse ist geil, aber quetschen geht auch). Pass auf, dass keine Kerne reinflutschen. Den Saft erst mal zur Seite stellen.

- Nun nimmst du die Schalen und kratzt mit einem Löffel das Fruchtfleisch raus. Traurig, aber wahr: weg damit. Aber die Schalen werden gebraucht. Die noch mal in der Mitte durchschneiden und ab damit in den Topf mit 300 ml Wasser und 1 TL Salz. 15 Minuten kochen. Dann gießt du das Wasser ab und nimmst dir noch mal die Schalen vor, kratzt das weiße Zeug bestmöglich runter. Das sollte jetzt einfach gehen. Um sicher zu gehen, dass wirklich so gut wie ALLES von dem weißen Zeug weg ist, müssen wir diesen Arbeitsschritt wiederholen.

- Sooooo, das war doch schon gut. Jetzt die Schalen in wirklich dünne Streifen schneiden. Ca. so breit wie drei zusammengelegte Zahnstocher (blödes Beispiel, ich weiß. Mir ist nur gerade nix Besseres eingefallen).

- Jetzt nimmst du 300 ml Wasser, den Saft und den Zucker. Mixt es zusammen und versenkst darin die Schalen erneut. Das lässt du jetzt so lange LEICHT köcheln, bis die Hälfte der Flüssigkeit verdunstet ist. Ab und zu mal umrühren ist ratsam. Das kann unter Umständen mal 'n paar Stunden dauern. Ist das erledigt, lässt du die ganze Geschichte abkühlen.

- Wenn die Orangenschalen in der Flüssigkeit komplett abgekühlt sind, erhitzt du das Ganze erneut. Wieder wollen wir ein leichtes Köcheln. Die Flüssigkeit wird jetzt langsam mehr und mehr zu einer zähen Masse. Das ist genau rich-

tig! Wichtig ist, dass du jetzt ständig ein Auge darauf hast, weil es leicht anbrennt. Also dauerrühren. Das hilft.

- Ist die Masse zäh, die Streifen auf einem Teller platzieren (bloß nicht auf Alufolie, es sei denn, du kaust gerne auf Blech rum). Die Masse drumherum sollte an den Schalen kleben und nicht oder nur kaum verlaufen. Naschen erlaubt, die Schalen schmecken jetzt schon superlecker!

- Jetzt geht's ans Glasieren (das Wort allein macht schon Bock auf Schokolade, oder?). Streber würden jetzt einen großen Topf mit heißem, aber nicht kochendem Wasser nehmen, eine Metallschüssel darüber platzieren und die Schokolade darin schmelzen. Es klappt aber auch gut auf direkter kleiner Flamme, bei ständigem Rühren. Jetzt tauchst du entweder jedes Schalenstück einzeln ein, was superviel Arbeit macht, aber später besser aussieht – oder du gießt die Schokolade einfach über die Schalen und bekommst einen Block Schokolade mit Orangenfüllung.

- Abkühlen lassen, vielleicht im Kühlschrank parken – et voila! Bon appétit!

Da bekommst du gut viele kleine Schokodinger. Damit kannst du das ganze Hostel auf deine Seite ziehen. Nutz die Macht der (französischen) Süßigkeit!

Ich weiß, einige Deutsche stehen unseren französischen Nachbarn ein bisschen skeptisch gegenüber. Genauso natürlich umgekehrt. Aber nach der Geschichte hier, halte ich das Thema für beendet! Ist nicht so, als würde ich jetzt vorschlagen, mich für den Friedensnobelpreis zu nominieren, Aber ich meine, Barack Obama hat doch auch einen bekommen ...

Ein bisschen Breakfast-Luxus

'NE MENGE MARMELADE

Als ich für einen Likörhersteller Zitronen schälte, die Schale im Alkohol versenken und die restlichen 2,5 Tonnen Frucht mitnehmen oder wegschmeißen sollte, haben meine Arbeitskollegen und ich überlegt: wegschmeißen? Viel zu schade! Einer wollte Limonade machen, hat aber nicht so gut geklappt. Ein anderer hat sich an Zitronenbier versucht, ich glaube, der ist heute blind ... Ne, im Ernst, klingt zwar weniger spektakulär, die klassische Version war aber dann der Burner: Marmelade. Außerdem habe ich während meines Reisens viel auf Fruchtplantagen gearbeitet – wie der Großteil des Backpackervolkes. Es passiert öfter mal, dass Früchte, die nicht gut aussehen, aber noch tipptopp sind, an die Arbeiter verteilt werden. Das kann man alles gar nicht essen! Was machen? RICHTÖÖG ... Marmelade! Und glaub's mir, nichts schmeckt geiler!

Du brauchst: 1 kg **ZUCKER** auf 1 kg **FRUCHT** ▪ ca. 750 ml **WASSER** (weiche Früchte) oder ca. 1,5 l **WASSER** (feste Früchte) oder ca. 800 ml **WASSER** (Südfrüchte)

Ausrüstung: 1 großer **TOPF**

Weiche Früchte	Feste Früchte	Südfrüchte
Erdbeere und andere Beeren, Pflaume, Traube, Kiwi	Apfel, Ananas, Birne	Orange, Zitrone, Grapefruit (du kannst auch noch ein bisschen Schale reinreiben, wenn sie nicht gespritzt ist)

- Zermatsche kleine oder weiche Früchte, die anderen zerschneiden. Früchte und Wasser zum Kochen bringen. Dann kochen, bis die Früchte weich sind. Jetzt misst du, wie viel Masse das ergeben hat, und schüttest dann entsprechend viel Zucker rein (Verhältnis 1 zu 1). Aufkochen und rühren, bis sich der Zucker aufgelöst hat. Wieder aufkochen, von der Flamme, rühren, zurück auf die Flamme, aufkochen. Das machst du so oft, bis es eine marmeladenartige Konsistenz hat. Wer es professionell prüfen will: Perfekt ist es, wenn ein abgekühlter Tropfen von deiner Marmelade auf einem Teller fest wird. Zerläuft er … weiterkochen!

- Ist die Masse fertig, lässt du sie in ein oder mehrere abgekochte (!) Gläser laufen (siehe beim Apfelmus, S. 67). Deckel drauf, auf den Kopf stellen!

Marmelade nach dem Öffnen im Kühlschrank lagern.

ZITRONEN-HONIG

Und weil es mir die Zitronen wirklich angetan haben, hier ein „Mow spezial"

Du brauchst: 4 **ZITRONEN** ▪ 4 **EIER** ▪ 125 g **BUTTER** ▪ 225 g **ZUCKER**

Ausrüstung: 1 **SAFTPRESSE** ▪ 1 **SIEB** ▪ 1 **SCHÜSSEL** ▪ 1 **TOPF** ▪ 1 **SCHNEEBESEN** (oder Gabel) ▪ 1 **METALL-SCHÜSSEL** ▪ **EINMACH-** oder **MARMELADENGLÄSER**

- Reib die Schale ab (weißes Zeug macht das Ganze bitter). Presse die Zitronen dann aus und filtere den Saft durch das Sieb. Die Eier in einer Schüssel schaumig schlagen.

- Nun schmilz die Butter in einer Schüssel über heißem Wasser (keine Plastikschüssel!)*. Zitronensaft und Zucker drunterrühren, bis alles aufgelöst ist. Langsam Eier und Zitronenschale unterrühren. Masse in abgekochte Gläser laden und in den Kühlschrank packen. Ich will mich ja nicht selber loben, aber geiles Zeug!

*falls eine Mikrowelle vorhanden, geht es auch darin (kurz, niedrige Stufe)

ROH & KALT

ZUSAMMENGERÜHRT

Manchmal hat man null Bock auf das Kochen, es ist heiß draußen, oder du bist mit dem Camper unterwegs. Vielleicht ist auch die einzig funktionierende Herdkralle im Hostel von Franzosen belegt, die stundenlang Orangen-Naschereien kochen. Dann ist eine gute Alternative die kalte Küche, in der du einfach alles roh zusammenrührst und es – Simsalabim – trotzdem geil schmeckt!

ROTE-KAROTTE-SALAT

Das Rezept habe ich in Piha beim Surfen abgestaubt. Da habe ich einen Monat bei einem Rettungsschwimmer/Surfer geWWOOFT und war praktisch nur auf dem Wasser. Surfer leben sehr gesund (wenn man in einem dieser Wetsuits steckt, weiß man auch, warum).

Du brauchst (Menge nach Kohldampfkategorie):
KAROTTEN ▪ ROTE BETE (ungekocht)

Ausrüstung: 1 **REIBE**

Geiler wird's mit: **SAMEN** (Sonnenblumenkernen, Pinienkernen etc.) ▪ **NÜSSEN** (Walnüssen, Pistazien … Nüsse halt!)

- Du nimmst eine Reibe und reibst einfach beides zusammen (natürlich vorher schälen). Dann kräftig mit Salz und Pfeffer würzen. Etwas Honig rundet den Geschmack ab. Nach Belieben kannst du da dann noch Nüsse und Samen draufhauen. Sehr nahrhaft! Und macht satt!

MAN-2-GO-SALAT

Das Rezept habe ich von einem Samoaner, den wir Sai nannten. Einen Monat habe ich mit dem auf einem Erdbeerfeld geschuftet. Er meinte, es sei ein einfach zu transportierender, schnell zubereiteter Salat, der Kraft ohne Ende gibt. Das habe ich ihm blind geglaubt (seine Oberarme waren so groß wie meine Oberschenkel). Also habe ich ihn nach dem Rezept gefragt und es direkt nachgemacht. Er sollte recht behalten. Das mit dem Hunger war damit – im wahrsten Sinn des Wortes – gegessen! Das mit den Oberarmen klappt allerdings wohl nur bei den Samoanern.

Du brauchst FÜR DEN SALAT: 1 **MANGO** ▪ 1 **KOHLRABI** ▪ 2-3 Handvoll frischen **RUCOLA** oder 1 Packung **BABYSPINAT** ▪ ½ Dose **MAIS**

Ausrüstung: 1 **SCHÜSSEL**

Geiler wird's mit: **PINIENKERNEN**

- Du nimmst die Mango und schälst sie. Dann den Kern rauspulen und das Fruchtfleisch in schöne Würfel schnitzen. Das Gleiche machst du mit dem Kohlrabi (die Suche nach einem Kern könnte hier vergebens sein).

- Rucola waschen, klein zupfen, mit dem Mais zu Mango und Kohlrabi gesellen. Das mischst du jetzt locker zusammen. Damit ist die Basis geschaffen.

Du brauchst FÜR DAS DRESSING: 2 EL **OLIVENÖL** ▪ 1 EL **ZITRONENSAFT** (muss nicht frisch sein, der fertige tut's auch) ▪ 1 TL **ORANGENSAFT** ▪ 1 TL **ZUCKER**

Ausrüstung: 1 **GLAS**

- Ganz easy, wir kochen ja kein Crystal Meth: Alle Zutaten zusammengießen und mit einer Gabel verrühren. Über den Salat schütten und spachteln. Das Dressing geht übrigens auch zu anderen Salatarten. Bleibt aber unter uns.

GUACA-MOW-LE

Das hier ist ein ganz einfacher Allrounder. Du kannst ihn so gut wie zu allem essen. Klassisch zu Tortilla Chips, auf Brot, zu Fleisch, zu Couscous, Reis, Nudeln oder Fleisch. Für die ganz Verfressenen auch alles auf einmal.

Du brauchst: 2 große **AVOCADOS** (ACHTUNG: müssen reif sein, was dunkelgrün und richtig schön weich bedeutet!) ▪ 2 EL **OLIVENÖL** ▪ 1 kleine **ROTE CHILI** oder 6-7 eingelegte **JALAPEÑOSCHEIBEN** ▪ 1 **LIMETTE** (ungespritzt)

Ausrüstung: 1 kleine **SCHÜSSEL** ▪ 1 **REIBE**

- Erst schneidest du die Avocados der Länge nach in jeweils zwei Hälften. Schön am Kern entlang, dann kannst du sie einfach aufdrehen. Mit einem Esslöffel den Kern raushebeln und das Fruchtfleisch rauslöffeln.

- Mit etwas Übung klappt's fast in einem Stück. Die Avocadoeingeweide nun in grobe Würfel schneiden und in die Schüssel packen. Jetzt das Olivenöl drauf sowie die Chili (nimm vielleicht nicht gleich die gesamte Ladung. Könnte zu scharf sein. Also: step by step).

- Limette gründlich waschen. Die Schale in die Schüssel reiben. Schön darauf aufpassen, dass möglichst wenig von dem weißen Zeug unter der Schale mit reingerät. Zu guter Letzt noch den Saft von der halben Limette drübergießen.

- Alles umrühren. In dieser Form kannst du sie salatmäßig solo wegschnabulieren. Auch gut als Beilage zu Fleisch und so. Sieht halt schick aus. Es spricht aber auch nix dagegen, wenn du jetzt eine Gabel nimmst und alles schön miteinander zermatscht. Auf Brot und mit Tortillas ist das viel praktischer.

GEFÜLLTE TOMATEN

Du brauchst: 2 große **TOMATEN** ▪ 1 **ZWIEBEL** ▪ 1 **ROTE BETE** (roh) ▪ 4 Scheiben **SALAMI** oder andere Wurst ▪ 2 EL **COTTAGE-CHEESE** ▪ **ZUCKER** ▪ **ZITRONENSAFT**

Ausrüstung: 1 **SCHÜSSEL**

Geiler wird's mit: **BALSAMICO-ESSIG, WALNÜSSEN, PINIENKERNEN**

- Tomaten quer halbieren, mit einem Teelöffel aushöhlen, umdrehen und austropfen lassen. Das Innenleben in die Schüssel packen, zerkleinern. Tomaten von innen salzen und pfeffern.

- Zwiebel und Rote Bete schälen, klein schneiden. Salami in kleine Stücke schneiden, zugeben. Den Cottage-Cheese reinmengen. Mit Zucker und Zitronensaft abschmecken, ab in die Tomaten damit.

- Für Vegetarier: Einfach die Salami weglassen? Nö, das Ergebnis wäre echt zu lasch. Stattdessen die Wurst samt Cottage-Cheese durch pikanten Schafskäse ersetzen. Den zerbröseln und mit frischen Kräutern mischen (cool ist Petersilie). Dann mit dem Innenleben der Tomaten mischen, pfeffern und die Tomatenhöhle damit stopfen.

FALSCHE BRUSCHETTA

In Ermangelung eines Ofens, aber mit Bärenhunger auf italian food habe ich mit Leo aus Queenstown diese Variante der leckeren Vorspeise zusammengepackt. Zugegeben, wir haben beide – nicht im Ansatz – italienische Wurzeln, aber kann man essen, sag ich nur!

Du brauchst: Ein paar Scheiben **BROT** ▪ Ca. 5 EL **OLIVENÖL** ▪ 4-5 **TOMATEN** ▪ 1 **KNOBLAUCHZEHE** ▪ 1 kleine **ZWIEBEL** ▪ 1 Handvoll **RUCOLASALAT** (oder anderen, etwas herben) ▪ **ZITRONENSAFT** ▪ **ZUCKER**

Ausrüstung: 1 großer **TELLER** ▪ 1 **SCHÜSSEL**

Geiler wird's mit: geriebenem **PARMESAN-KÄSE**

- Falls ein Toaster vorhanden ist, das Brot rösten. Wenn nicht, hier weitermachen: größere Brotscheiben halbieren, auf einen Teller legen und ordentlich Olivenöl draufträufeln. Meine Meinung: Es darf gerne etwas klitschig werden.

- Tomaten, Knoblauch und Zwiebel würfeln, in die Schüssel geben, mischen und mit Salz, Pfeffer, etwas Zucker und einigen Spritzern Zitronensaft würzen.

- Salat in Stücke zupfen (nicht zu lang) oder schneiden, unterheben. Alles in rauen Mengen auf die Olivenölbrote packen und genießen.

Ein Klassiker der deutschen Küche

GURKENSALAT

Du brauchst: eine ganze **SALATGURKE** ▪ ca. 100 g **ZUCKER** ▪ 2 EL **SALZ** ▪ 120 ml **WASSER** ▪ 120 ml **ESSIG**

Ausrüstung: 1 **SCHÜSSEL**

Geiler wird's mit: 2 TL **FRISCHER ODER TIEFKÜHL-PETERSILIE**

- Die Gurke gut waschen und in dünne Scheiben schneiden, dann in ein Sieb legen und mit dem Salz bestreuen. Fünf Minuten ziehen lassen. (So verlieren sie Wasser und gewinnen an Geschmack und Biss.)

- Währenddessen Essig und Zucker zusammenmischen und so lange rühren, bis der ganze Zucker weg ist (kann ein bisschen dauern).

- Dann das Ganze nach und nach mit dem Wasser abschmecken. So lange Wasser nachgießen, bis die Soße eine angenehme Säure hat.

- Jetzt die Gurken mit Wasser abspülen, in die Soße geben und die Kräuter drauf. Jetzt am besten 30 Minuten im Kühlschrank ziehen lassen. Fertig!

NACHTISCH

ENGLISCHES ERDBEER-MASSAKER

Dieses Rezept habe ich von Barry aus England. Eigentlich hieß es anders. Aber da er geschätzte drei Meter hoch und zwei Meter breit war und die Hände von einem Berggorilla hatte, dachte ich mir, dass der Name irgendwie das Wort „Massaker" beinhalten müsse. Ihr werdet gleich feststellen, warum ...

Du brauchst: 500 g frische **ERDBEEREN** ▪ 1 EL **BALSAMICO-ESSIG** ▪ Saft von ½ **ORANGE** ▪ mindestens 3 große Stücke **BAISER** (wenn du Zeit hast, kannst du das auch easy selber machen, siehe S. 82) ▪ **JOGHURT** (Menge nach Geschmack)

Ausrüstung: 1 große **SCHÜSSEL** ▪ zwei **HÄNDE**

Geiler wird's mit: 2 EL **SCOTCH** ▪ 1 EL **VANILLESIRUP**

- ¾ von den Erdbeeren in die Schüssel packen. Dann zerquetschst du die mit den Händen. Du kannst auch 'ne Gabel nehmen, nicht das ein Fingernagel abbricht, Pussy! Hast du sie fertig „massakriert", machst du den Balsamico-Essig (ich habe keine Ahnung, wie das so gut schmecken kann oder was da in der Soße passiert, ich war in Chemie immer 'ne Niete, aber das ist so himmlisch, ich sach dir dat) dazu. Falls vorhanden, den Scotch und den O-Saft an die Erdbeeren. Alles gut umrühren.

- Dann sprenkelst du die Baisers auf die Erdbeerpampe. Einfach grob mit den Händen brechen und druff da.

- Nun nimmst du den Joghurt und kleckst den auch noch ein bisschen drüber. Die restlichen Erdbeeren klein schneiden und draufpurzeln lassen. Zuletzt den Sirup nehmen und drübersprenkeln. BÄM.

> Falls Zutaten fehlen: Das Massaker ist auch ohne Balsamico, Scotch und O-Saft der HAMMER!

MILCHSHAKE

Wo wir gerade beim Mixen sind. Wenn ihr einen Mixer zur Verfügung habt, ist das eins der meist vergessenen, aber geilsten Sommergetränke. Low risk, high reward sage ich nur!

Du brauchst: **MILCH • EISCREME** (deine Lieblingssorte)

Ausrüstung: **MIXER** (kann auch diesmal ein älteres Modell sein, ist ja nur weiches Zeug)

- Je nachdem, wie dick- oder dünnflüssig du das Ganze haben willst, mischst du diese beiden Zutaten zusammen und erfreust dich der Einfachheit von diesem „Pre-Vanilla-trippleshotstrawbsirupwithless-fatanddecaficedlatte-Sommergetränks“.

Rustikal, aber schweinelecker.

FROZEN JOGHURT

Das Ding hier ist so einfach wie genial. Wenn es richtig heiß ist im Sommer – auch schon morgens. Geilster Shit ever!

Du brauchst: **JOGHURT** (Menge nach Hunger) ▪ gefrorene **FRÜCHTE** (fertig gekauft oder selbst eingefroren – völlig egal)

Ausrüstung: ein nicht zuuuuuuu alter **MIXER** (wenn du Glück hast, hat dein Hostel einen, oder der Besitzer leiht dir seinen privaten)

- Die Portionierung der beiden Zutaten ist dir überlassen. Je nachdem, wie fest das Ganze werden soll. Meine Lieblingsmischung ist immer 50 zu 50. Variiert aber auch von Frucht zu Frucht.

- Joghurt in den Mixer kippen und die gefrorenen Früchte zugeben. Dann MIIIIIXEEEEEEN. Wenn's dir nicht süß genug ist, noch ein bisschen Puderzucker oder Honig rein. Alles raus aus dem Mixer, rein in die Futterluke.

PORTUGISISCHE PORNOSCHNITTE

Danke an Sofia aus Portugal, die mir dieses Rezept von ihrer Oma überlassen hat. (Den Namen des Gerichtes habe ich ein bisschen abgeändert, ein bisschen künstlerische Freiheit und so …)
Eine supereinfache Nummer, die aufwendig aussieht. Gastfamilien sind mit dieser europäischen Spezialität besonders einfach zu beeindrucken.

Du brauchst: ca. 250 g **BUTTERKEKSE** ▪ 1 **EI** ▪ 1 Tasse **KAFFEE** ▪ 120 g **PUDERZUCKER** ▪ 220 g weiche **BUTTER**

Ausrüstung: **KUCHENSPRINGFORM** (Falls du das Ganze nicht als Kuchen servieren willst, dann tut es hier auch eine einfache Backform oder so. Dann löffelst du das Ding halt direkt aus der Form oder hebst das mit so einem Tortenheber raus.) ▪ zwei mittelgroße **SCHÜSSELN**

Geiler wird's mit: jegliche Art von **SOSSEN** (Karamell, Vanille etc.) oder einer **SCHOCKOLADENGLASUR**

- Du schnappst dir eine von den Schüsseln und befüllst sie mit dem Zucker und der Butter. Das Ganze schlägst du jetzt richtig schön cremig. Es sind keine Klümpchen, weder von der Butter noch vom Zucker, erlaubt.

- Jetzt nimmst du den Kaffee und gießt ihn in die andere Schüssel. Nun lässt du ihn abkühlen, bis er lauwarm ist. Tunk die Kekse rein und leg sie, wenn sie ordentlich getränkt sind, auf den Boden der Form. DÜNN die Buttercreme auf die Kekse spachteln.

- Das ganze Prozedere wiederholst du jetzt so lange, bis du keine Kekse und keine Creme mehr hast. Die letzte Schicht ist eine Keksschicht.

Jetzt kannst du oben, sozusagen als Deckel (für die Ästhetik), irgendeine Soße oder Kruste oder Topping draufhauen. Puderzucker, Kakaopulver ist auch nice. Man, da kannst du so viel verschiedenen süßen Kram draufballern. Gönn dir einfach mal!

BACKEN SALZIG

LAMMAPFTOFFEL

Random Fact: In Neuseeland gibt's rund 40 Millionen Schafe – auf knapp 4,5 Millionen Einwohner. Warum erzähl ich dir das? Zum einen natürlich, um dich schlauer zu machen (höhö). Zum anderen, um damit deutlich zu machen, dass Lammfleisch speziell in Neuseeland und Ozeanien eines der billigsten Fleischsorten ist. Das kann bei dir anders sein, dann funktioniert dieses Rezept auch mit jeder anderen Fleischsorte. Du musst also nicht gleich deinen Arsch verkaufen für ein Stück Lammfleisch. Außerdem ist Lamm ja immer so eine Geschmackssache. Ich fand und finde es auch heute gewöhnungsbedürftig. Was ich aber gelernt habe, ist, dass es auch sehr auf die Zubereitung ankommt. Dieses Rezept ist mein absolutes Lieblings-Lamm-Lezept (wollte 'ne coole Alliteration, hat nicht geklappt). Grund: Das Süße der Äpfel im Mix mit Kartoffeln dumpen die krasse Lammnote angenehm.

Du brauchst: 5 mittelgroße **KARTOFFELN** ▪ 2 **ÄPFEL** ▪ 1 Stück **LAMMFLEISCH** (am besten Lammlachs) ▪ 2 Schuss **ÖL** ▪ **SALZ** ▪ **PFEFFER**

Ausrüstung: 1 **TOPF** ▪ 1 **PFANNE** ▪ 1 **BACKFORM/BACKBLECH**

- So Dude, erst mal kochst du die (geschrubbten) Kartoffeln, bis sie außen leicht weich sind, innen aber noch fest (ca. 10 Minuten, hilfreich der Check mit einem spitzen Messer). Abgießen, in kleine Ecken schneiden. Ebenso die Äpfel (ohne Kerngehäuse). Beides aufs Backblech packen, etwas Öl drübergießen, würzen. Bei 200 Grad backen, bis alles gebräunt ist.

- Etwas Öl in die Pfanne, wenn sie heiß ist, das Fleisch rein und in dem Moment auf mittlere Temperatur runterdrehen. Umdrehen, wenn es braun ist. Ist es auf der anderen Seite auch gut, runter von der Flamme.

- Das Fleisch in Scheiben schneiden und zu den Apftoffeln packen. Das bleibt dann so lange in der Röhre, bis beim Lamm dein Lieblings-Gargrad erreicht ist. Nom, Nom, Nom ...

OFENKARTOFFEL

Du brauchst: große **KARTOFFELN ▪ SOUR CREAM**

Ausrüstung: **ALUFOLIE ▪ 1 BACKBLECH**

- Einfach je eine Kartoffel in Alufolie einpacken und bei muckeligen 120 Grad in den Ofen schieben. Dann 'ne gute Stunde drinlassen. Je größer die Kartoffel, desto länger im Ofen lassen (macht Sinn, oder?).

- Kartoffel in der Mitte längs anschneiden und Sour Cream draufschaufeln.

Das klappt übrigens auch unterwegs – in der Glut vom Grill oder Lagerfeuer.

Für Kleinkarierte :-)

Variante: Du kannst die Kartoffel auch mal in Stücke hacken und Butter und Gewürze oder Knoblauch mit in die Folie legen. Die Kartoffel saugt das auf. Sehr gut: braucht dann ca. ⅓ weniger Zeit.

SAUSIGE ROLLS

Wenn man uns Deutsche „Krauts“ oder „Kartoffeln“ nennt, sind die Neuseeländer definitiv als „Sausige Rolls“ zu bezeichnen (beinahe noch treffender als „Kiwis“!). Wenn es transportabel sein muss, sind sausages erste Wahl.

Du brauchst: **WÜRSTCHEN** (Menge nach Hunger) ▪ so viele fertige **TEIGBLÄTTER** wie Würstchen (Pastery, Zubereitung nach Anleitung) ▪ so viele Scheiben **KÄSE** wie Würstchen ▪ **KETCHUP** ▪ **SENF** ▪ 1 **EIGELB**

Ausrüstung: 1 **MÜSLISCHALE** ▪ 1 **BACKBLECH**

- Ganz simple Geschichte: Pasteryblatt ausrollen, Ketchup und Senf druff, Würstchen rein, Käse drauf und dann fleißig einrollen. Kurz bevor du damit fertig bist, die Kante mit dem Eigelb bestreichen. Das hält die Rolls besser zusammen. Um den Rest vom Eigelb nicht zu verschwenden, kannst du es auf die Rollenoberseite streichen, dann wird die goldbraun.

Du kannst alles in den Röllchen versenken. Lass der Kreativität freien Lauf.

PIZZA DOUGH

Bei Pizzarezepten scheiden sich die Geister der Backpacker. Es kursieren Tausende Rezepte durch die Hostels und im Netz. Dieses habe ich von zwei Italienerinnen bekommen (tatsächlich!!!). Es hat mich also von allen anderen, die ich probiert hatte, am meisten überzeugt. Hehehe ... Ich muss hierzu sagen, dass das Rezept sehr ergiebig ist. Ihr bekommt davon locker drei Personen satt. Italiener kochen halt im Familienkreis. Also teilt doch mal ;P.

Du brauchst für 2 Bleche: 1 kg **MEHL** ▪ **LEITUNGSWASSER** ▪ 30 g **SALZ** ▪ ¼ Block **HEFE** oder 1 EL Trockenhefe (10 Min. in lauem Wasser einweichen)

Ausrüstung: 1 große **RÜHRSCHÜSSEL** ▪ 1 **GABEL** ▪ 1 **BROTMESSER** ▪ 1 **KÜCHENTUCH** ▪ **FRISCHHALTE- FOLIE** ▪ Platz zum Kneten ▪ eine Ecke im Kühlschrank, die groß genug ist, um die Schüssel zu verstauen

- Erst mal packst du 600 g von dem Mehl in die Schüssel, dazu 625 ml Wasser. Außerdem die Hefe und das Salz. Alles zusammenrühren. Ich würde dir empfehlen, hier mit einer Gabel oder 'nem Schneebesen zu hantieren, da das Ganze eine pfannkuchenteigartige Konsistenz haben sollte. Dann ist es perfekt. Jetzt deckst du die ganze Schüssel ab und versenkst sie für 20 Minuten im Kühlschrank!

- Die Konsistenz ähnelt jetzt noch mehr einem Pfannkuchenteig, aber das ist gewollt, da ja eh noch nicht das ganze Mehl drinnen ist. Jetzt rührst du den Teig noch mal gut durch – ich empfehle dazu ein ganz normales Brotmesser – und dabei gibst du nach und nach den Rest Mehl dazu. Löst sich der Teig leicht vom Boden und wird ballförmig, ist er perfekt. Sollte er zu trocken geraten sein, gibst du einfach wieder ein bisschen Wasser hinzu. Der Teig sollte immer noch weich sein, aber seine Form behalten. Für weitere 20 Minuten abgedeckt in den Kühlschrank.

- Soooo, jetzt geht es ans Eingemachte. Du mehlst deinen Arbeitsplatz gut ein, sonst klebt dir der ganze Teig gummiartig auf dem Tisch fest. Jetzt lässt du den Teig auf das Mehl plumpsen und stäubst ihn auch noch mal ein. Mit den Händen richtig gut durchkneten, sodass er eine Art Riesenflummi wird.

- Der Teig ist jetzt schon fertig. ABER am besten lässt du ihn noch 1 Stunde, am besten 24 Stunden im Kühlschrank ruhen (siehe oben).

- BÄM. Nun hast du den perfekten Teig und kannst deinen perversen Pizza-fantasien freien Lauf lassen. Einfach belegen und danach für 20 Minuten auf einem Backblech bei 220 Grad in den Ofen (Zeit checken!).

Mir wurde versichert, dass der Teig am besten schmeckt und leichter zu verarbeiten ist, wenn du ihn 24 Stunden vor dem Essen zubereitest. Aber nach meiner Erfahrung ist es ist auch kein Beinbruch, wenn du ihn direkt in den Ofen haust. Er wäre aber auch sechs Tage im Kühlschrank haltbar.

Und das alles kannst du – neben der klassischen Pizza – aus diesem Teig zaubern

1. PIZZAMUFFINS

- Du rollst den Teig aus (falls du kein Nudelholz hast, geht auch eine eingemehlte Glasflasche), danach schneidest du ihn in kleine Quadrate und stopfst die in die Löcher einer gut ausgebutterten und ausgemehlten Metallmuffinform. Danach füllst du die riesenravioliähnlichen Teile mit allem, worauf du Bock hast.

- Dann zuklappen und bei 200 Grad in den Ofen, bis alles goldbraun ist.

2. PIZZABRÖTCHEN

- Jede Menge Teigbälle formen. Ab in den Ofen bei 200 Grad, bis sie goldbraun sind. Kannst du auch gerne mit Käse, Salz, Körnern oder Mohn bestreuen.

Das Ding hier ist zwar fucking awsome, aber auch zeitlich sehr aufwendig. Wenn du es mal ratzfatz haben willst:

1. Kauf einen fertigen Burrito-Fladen.
2. Hau alles drauf, was du auf eine Pizza machen würdest.
3. Bei guten 200 Grad für etwa 10 Minuten im Ofen versenken.

KNOBLAUCHBROT

Du brauchst (alle Zutaten, bis auf das Öl, kannst du in der Menge variieren): **BROT** (Baguette ist das Nonplusultra, die paar Cents lohnen sich) ▪ **KNOBLAUCH** (ich hatte so einen fertig geschnittenen im Glas, einer meiner besten Investitionen nach dem Surfboard!) ▪ doppelt so viel **BUTTER,** wie du normalerweise auf das Brot schmieren würdest ▪ 2 TL **ÖL**

Ausrüstung: 1 kleiner **TOPF** ▪ 1 **BACKBLECH**

Geiler wird's mit: 1 TL **ERDNUSSBUTTER**

- Erhitze das Öl im Topf, schmeiß dann die Butter rein, danach den klein geschnittenen Knoblauch. Ich habe da auch mal ein bisschen Erdnussbutter reingeworfen (ziemlich pervers, aber guuuuut).

- Ist alles flüssig, nimmst du den Topf vom Herd und streichst die flüssige Knobibutter aufs Brot. Das bei ca. 200 Grad im Ofen knusprig und goldbraun backen.

TOAST HAWAII 5.0

Selbst der unerfahrenste, blödste, doppellinkshändige Hobbykoch kann das produzieren. Nimm das als Reminder, denn die Idee ist mir erst in den letzten 3 Tagen in Neuseeland gekommen. Blöd, aber besser spät als nie. Außerdem ist hier noch ein Tipp drin, der das Ganze noch mal ein Stück geiler macht.

Du brauchst für 1 Toast: 1 Scheibe **TOAST** ▪ **BUTTER** (zum Schmieren) ▪ 1 Scheibe **KOCHSCHINKEN** ▪ 1 Scheibe **DOSEN-ANANAS** ▪ 1 Scheibe **KÄSE**

Ausrüstung: 1 **BACKBLECH** ▪ **BACKPAPIER**

Geiler wird's mit: 1 TL rote **MARMELADE**

- Den Backofen auf 180 Grad vorheizen.

- Jetzt musst du einfach nur richtig stapeln: Angetoasteten Toast mit Butter bestreichen. Schinken drauf, dann die Ananasscheibe und zum Schluss alles mit der Käsescheibe liebevoll zudecken. Dieses architektonische Meisterwerk wird jetzt in den Ofen geschoben. Erfahrungsgemäß müsste das Ganze sechs Minuten brauchen. Aber du kannst ja selber sehen, wie braun du die Geschichte haben willst.

- Als Clou den Marmeladenklecks obendrauf in die Mitte setzen, quasi ins Loch der Ananas. Find ich irgendwie geiler. Wenn du das nicht magst, kannst du mich mal. Dann lass es halt weg.

(Richtige!) Schrippen, Semmeln – oder wie du sie nennen willst!

FRÜHSTÜCKSBRÖTCHEN

Auf meiner Reise habe ich morgens immer richtige Brötchen missen müssen. Die „Bread Rolls“, die dir GoogleTranslator als Brötchen verkaufen möchte, sind mehr oder weniger fluffige, geschmacklose Teigballdinger. Richtig geile Brötchen, wie du sie aus Deutschland kennst, wirst du nicht finden! Es gibt hier und da mal einen ausgewanderten deutschen Bäcker. Allerdings lässt der sich für seine Arbeit sehr gerne sehr gut bezahlen.
Also, was machen wir, wenn es keine Option ist, sich in eine Ecke zu kauern und leise vor sich hinzuheulen? Genau! Wir machen die Dinger einfach selber!

Du brauchst: 300 ml lauwarmes **WASSER** ▪ ½ TL **ZUCKER** ▪ 7 g (ca. 2 TL) **TROCKENHEFE** ▪ 500 g **MEHL** ▪ 1 EL **SALZ** ▪ 1 EL **RAPS-/OLIVENÖL**

Ausrüstung: 1 große **RÜHRSCHÜSSEL** ▪ 1 **BACKBLECH**

- Wasser mit Zucker und Hefe vermischen. Diese Mischung lässt du jetzt erst mal abgedeckt in einer nicht zugigen Ecke so 10 Minuten stehen, bis sich kleine Bläschen auf der Oberfläche bilden. Dann gibst du das Mehl, Salz und Öl hinzu. Jetzt heißt es, 5 Minuten GUT kneten – nicht schummeln. Perfekt ist der Teig, wenn er sich glatt vom Schüsselrand lösen lässt (ggf. musst du noch etwas mehr Wasser bzw. Mehl hinzugeben).

- Den Teig dann zu kleinen Kugeln formen und recht platt gedrückt aufs eingemehlte Blech legen (Luxusvariante: Backpapier). Jetzt ritzt du die platten Kugeln diagonal ein (eigentlich scheißegal wie, sieht so aber am ehesten wie bei unserem Bäcker zu Hause aus). Diese Rohlinge jetzt unter einem möglichst sauberes Geschirrhandtuch 10 bis 15 Minuten gehen lassen.

- Für die Optik und den Geschmack können noch Körner (z.B. Hirse, Blaumohn, Sesam, Kürbiskerne, Sonnenblumenkerne, Leinsamen oder Rosinen) auf die Brötchen gestreut werden (diese vorher in Wasser einweichen und vorsichtig andrücken zwecks besserem Halt).

- Danach die Brötchen zusammen mit einer großen Schale (am sinnvollsten feuerfest) oder einem zweiten Blech voll Wasser in den Ofen schieben. Diese zunächst wenig sinnvoll erscheinende Maßnahme macht die Brötchen außen richtig schön knusprig! 15 bis 20 Minuten bei 180 bis 200 Grad goldbraun backen.

Und ich sag's dir, frisch zum Frühstück ist das megagenial!

BACKEN SÜSS

Klappt auch unterwegs auf dem Grill

GERÖSTETE BANANEN

Schnelles Top-up für jedes Dessert. Besonders geil in Kombination mit der Karamellsoße von Seite 64 bzw. Schokosoße aus der Tube.

Du brauchst: **BANANEN**

Ausrüstung: 1 **BACKBLECH**

Geiler wird's mit: **SCHOKOSOSSE** aus der Tube

- Ofen auf 200 Grad vorheizen.
- Ungeschälte Bananen abspülen, trocknen und 3-mal einstechen. Dann im Ofen versenken. Sie sind gut, wenn sie außen schwarz sind. Die Bananen längs aufschneiden und aufklappen. Fertig. Achtung, ist kalt*!
- Nun, falls vorhanden, die Schokosoße in Schlangenlinien druffkleckern.

*Viele Menschen sind verwirrt, wenn ein Satz nicht so endet, wie sie es erwarten. Denk mal drüber nach.

MOWSLI

In Neuseeland hatte ich immer das Problem, ein leckeres und einigermaßen gesundes Müsli zu finden. Das Zeug war entweder megateuer oder vollgepumpt mit Zucker oder Sachen, die ich nicht mal aussprechen konnte. Also, selbst ist der Backpacker:

Du brauchst: 500 g **HAFERFLOCKEN** (Rolled Oats gehen auch) ▪ 200 g **KOKOSNUSSFLOCKEN** ▪ ½ EL Öl, am besten **RAPSÖL** ▪ 1 EL **HONIG**

Ausrüstung: 1 kleiner **TOPF** ▪ 1 **BACKBLECH**

- Hafer- und Kokosflocken mischen.

- Das Öl mit dem Honig in einem Topf erhitzen, bis alles ganz flüssig ist. Über die Flocken gießen und sehr gut verrühren (Hände benutzen erlaubt).

- Dann auf einem Backblech ausbreiten und bei ca. 80 Grad rösten, bis der Mix leicht bräunlich ist und so gut wie trocken! Immer ein Auge draufhaben, sonst ärgerst du dich nachher schwarz … höhö …

- Abkühlen lassen. Ab und zu noch mal umrühren, bis es kalt ist – damit es nicht zusammenklebt. Schmeckt solo, in Milch, Joghurt oder als Topping.

BISKUITS

Da ich ein Jahr im englischen Commonwealth gelebt habe, darf ein klassisches Teatime-Gebäck natürlich nicht fehlen. Ich habe das Rezept in einem Kochbuch im Deco Hostel in Queenstown gefunden.

Du brauchst (für ca. 35 Stück): 125 g weiche **BUTTER** ▪ 160 g **ZUCKER** ▪ 1 **EI** ▪ 250 g **MEHL** ▪ 1 TL **BACKPULVER**

Ausrüstung: 1 **SCHÜSSEL** ▪ 1 **BACKBLECH**

Geiler wird's mit: 1 TL **VANILLEPULVER** oder etwas **AROMA** ▪ **BACKPAPIER**

- Butter, Zucker und (falls vorhanden) Vanillepulver vermischen. Das Ei hinzugeben, gut verrühren. Das mit Backpulver vermischte Mehl nach und nach hinzugeben.

- Nun nimmst du einen kleinen Teigkloß (ungefähr die Menge eines gut gehäuften Teelöffels), legst ihn auf das gut gemehlte Backblech (in diesem Fall ist Backpapier wirklich besser) und drückst das Ganze ein bisschen mit einer ebenfalls eingemehlten Gabel platt.

- Bei 190 Grad für ca. 12 Minuten in die Röhre.

Das ist ja nun ein klasse Klassiker der Klassiker der Klassik. Aber wer hört denn NUR klassische Musik? Also hier jede Menge Mist, wie du das ganze Rezept auf der Perversheitsskala noch mal stark anhebst.

Schokoladen-Version

- 2 EL Kakao zum Mehl (hau rein da!) oder – viel besser – klein gekloppte Zartbitterschokolade.

Trick: Schokolade in einen Gefrierbeutel, zumachen, mit einem Fleischklopfer oder 'ner schweren Pfanne kräftig draufhauen. Schon sind's Brösel.

Orangen-/Zitronen-Version

- 1 EL Orangen- oder Zitronenschale (ungespritzt) in den Teig werfen.

In den Grundteig kann aber eigentlich alles rein. Nutella, Peanutbutter ... Was gerade da ist. Probier's aus, lasse deine kulinarischen Fantasien spielen (hat er das gerade echt gesagt? Ja, hat er!).

Hält ewig

BAISER

Du brauchst: 2 **EIER** ▪ 110 g **ZUCKER**

Ausrüstung: 1 **SCHÜSSEL** ▪ 1 **SCHNEEBESEN** (für Schwächlinge und Frauen ein elektrisches Rührgerät – ist auch mein persönlicher Favorit) ▪ 1 **BACKBLECH** ▪ **BACKPAPIER**

Geiler wird's mit: **Eis, Pudding, Joghurt** oder **Obstsalat**

- Eier in Eiweiß und Eigelb trennen. Nun das Eiweiß schlagen (gibt dicke Oberarme, wenn du keinen Handrührer hast), bis es so steif ist, dass du die Schüssel drehen kannst, ohne dass die Masse rausläuft. Dann die Hälfte vom Zucker gut einrühren, nach und nach den restlichen Zucker dazugeben.

- Mit einem Teelöffel auf dem Backpapier portionieren. Je nach Größe bei 120 Grad für 1 bis 1½ Stunden ganz langsam backen. Bis die Baiserhäufchen trocken, aber nicht braun sind. Gut abkühlen lassen, damit sie fest werden.

Geniales Dessert

BACKPACKER-BUTTERBOMBE

Du brauchst: 170 g **BUTTER** ▪ 170 g **ZUCKER** ▪ 190 g **MEHL** ▪ 190 ml **MILCH** ▪ 2 **EIER** ▪ 3 TL **BACKPULVER**

Ausrüstung: 1 **RÜHRSCHÜSSEL** ▪ 1 flache **KUCHENFORM** (idealerweise 20 cm hoch)

Geiler wird's mit: 1 TL **VANILLEZUCKER** oder **VANILLEAROMA**

- Butter, Zucker und Vanille (falls vorhanden) verrühren, bis du eine fluffige Mischung hast. Dann die beiden Eier nacheinander reingeben. Wieder ein bisschen rühren.
- Mehl und Backpulver vermischen und nach und nach ebenfalls dazugeben. Und wieder ein bisschen mixen. Zuletzt die Milch reingießen. Und wenn die Arme stark genug waren, geht es jetzt ohne Pause in die letzte Runde des Rührens.
- Der Rest ist easy: Form ausfetten, Teig reinlaufen lassen.
- Bei 180 Grad etwa 40 Minuten backen. Mit einem Schaschlikspieß reinpiksen. Bleibt nichts hängen, ist er gar.

Wenn du morgens gerne süß isst, kannst du diesen Leckerbissen auch mal als Brötchenersatz benutzen. Bisschen Marmelade drauf – und ab geht's.

Megatipp: Unendlich geil mit Limonen-Glasur! Das Rezept gibt's netterweise gleich unten auf der Seite. So bin ich.

Für obendrauf:

LIMONEN-GLASUR

Du brauchst: 3 EL **ZITRUSSAFT** ▪ 60 g **ZUCKER**

Ausrüstung: 1 kleiner **TOPF**

- Den Zucker und den Zitrussaft zusammen leicht erhitzen, bis sich eine streichbare Masse gebildet hat (hast du Puderzucker, kannst du dir den Scheiß mit dem Erhitzen sparen und den Saft direkt einrühren).

Schmier sie auf die Butterbombe! Ach was – schmier sie auf alles, das nach einer geilen Glasur schreit!

BECHERKUCHEN AUS DER MIKROWELLE

Du brauchst (für einen kleinen Kuchen): 4 EL **MEHL** ▪ 4 EL **ZUCKER** ▪ 2 EL **KAKAOPULVER** (schon gesüßt.) ▪ 1 **EI** ▪ 3 EL **MILCH** ▪ 3 EL **SPEISEÖL** (am besten Rapsöl oder eins mit wenig Eigengeschmack)

Ausrüstung: 1 **SCHÜSSEL** ▪ 1 großer, mikrowellenfester **BECHER** ▪ **MIKROWELLE**

- Alle Zutaten nacheinander in eine Schüssel geben und mit einer Gabel das Ei, die Milch und das Öl unterrühren. Dann in den Becher füllen und drei Minuten bei höchster Stufe in der Mikrowelle verschwinden lassen.

- Fertig, wenn der Kuchen nicht weiter hochgeht und aus dem Becher guckt (ist er übergelaufen, hättest du einen größeren Becher nehmen sollen ... Oder du bist schlau und machst ihn nur bis zur Hälfte voll). Er ist übrigens richtig gut, wenn es innen noch ein bisschen klitschig ist.

Ach ja, und verbrenn dir nicht die Pfoten. Der Becher könnte, entgegen aller Erwartungen, heiß sein ...

KOTZENDE ÄPFEL

Du brauchst: 1 großen **APFEL** (macht Sinn, oder?)
FÜR DIE FÜLLUNG (lass deiner Kreativität freien Lauf):
ERDNUSS-BUTTER, ROSINEN, NUTELLA, FRISCHKÄSE, ZIMT, KARAMELL – oder alles auf einmal ...

Ausrüstung: 1 **SCHÜSSEL** (Rest kommt stark auf die Füllung an, du wirst das schon ohne mich schaffen)

- Also, du schnappst dir den Apfel und schneidest den waagerecht durch – so zwei Drittel unten, ein Drittel Deckel. Wenn er nicht richtig stehen bleiben will, schneidest du ganz unten einfach ein ganz kleines Stückchen ab, sodass er nicht mehr wackelt. Dann holst du mit einem Löffel oder Messer das Kerngehäuse raus (kommt auf die Festigkeit vom Apfel an). Natürlich geht es auch mit einem Entkerner – dieses Ding, was so aussieht wie ein modernes Folterwerkzeug mit der Form von Bart Simpsons Kopf. Ist aber eher seltener in den Hostels.

- Wenn das Gehäuse raus ist, höhlst du den Apfel aus. Aber Vorsicht! Mach die Wände nicht zu dünn, sonst fällt er später auseinander. Das, was du an Fruchtfleisch rauskratzt, machst du ganz klein und vermengst es mit deiner Füllungskreation.

- Dann mischt du alles mit den klein geraspelten Apfelstückchen zusammen, was dir schmeckt. Das klatscht du in den Apfel rein, machst den Deckel drauf (darf ruhig eine Lücke aufweisen).

- Und dann ab in die Mikrowelle – bei voller Leistung für 5 Minuten.

- Wahlweise kannst du das Ganze auch in einen Ofen packen und bei 180 bis 200 Grad backen. So lange, bis es bratapfelig aussieht. Lecker braun halt. Mindestens 10 Minuten, länger bei großen Äpfeln.

FÜLLUNGSIDEEN:
(But feel free to try your own shit, yo)

1. **APFELSTÜCKCHEN + NUTELLA O.Ä. + NUSSSPLITTER**
2. **APFELSTÜCKCHEN + FRISCHKÄSE + HONIG**
3. **APFELSTÜCKCHEN + ZUCKER + ZIMT**

REZEPTE A-Z

Backpacker-Butterbombe ____ S. 114
Baiser ____ S. 113
BBQ-Marinaden ____ S. 58
Becherkuchen aus der Mikrowelle ____ S. 116
Biskuits ____ S. 111
Blitzschneller Gemüseeintopf ____ S. 41
Breakfast Burrito ____ S. 50

Chili con Carne ____ S. 30
Coffee-Fudge Anonymus ____ S. 70

Die besten Croûtons ever ____ S. 56
Die Mutter aller Soßen ____ S. 57

Englisches Erdbeer-Massaker ____ S. 89

Falsche Bruschetta ____ S. 86
Fleisch auf Brei ____ S. 33
Fleischbällchen ____ S. 43
French Toast ____ S. 55
Frozen Joghurt ____ S. 91
Frühstücksbrötchen ____ S. 106

Gefüllte Tomaten ____ S. 85
Geröstete Bananen ____ S. 109
Guaca-Mow-le ____ S. 83
Gurkensalat ____ S. 87

Hanni's flotte Kartoffelsuppe ____ S. 38
Hawk's Bay-Apfelmus ____ S. 65

Hubi's Milchreis S. 68
Hummus S. 54

Irish Stew S. 28

Karamellsoße mit & ohne Salz S. 64
Knoblauchbrot S. 104
Kotzende Äpfel S. 118

Lammapftoffel S. 95
Limonen-Glasur S. 115

Mama's WG-Käsesuppe S. 42
Man-2-go-Salat S. 82
Marmelade S. 77
Milchshake S. 90
Mowsli S. 110
Mow's Mampf S. 31
Mow's Pancakes S. 62

Nga Tawa Curry S. 26

Ofenkartoffel S. 96
Oma Friederike's Milchnudeln S. 70
Omelett S. 45
Orangen-Leckerlis S. 73

Pizzabrötchen S. 102
Pizza Dough S. 99
Pizzamuffins S. 102
Poached Eggs S. 46

REZEPTE A-Z

Porridge ____ S. 61
Portugisische Pornoschnitte ____ S. 92

Ratte auf Rollsplit ____ S. 36
Reispfannkuchen ____ S. 63
Rote-Karotte-Salat ____ S. 81
Rührei ____ S. 49

Sahnereis aus Småland ____ S. 69
Sandwich ____ S. 54
Semmelknödel ____ S. 52
Soßige Rolls ____ S. 98
Suppe Thailändische Art ____ S. 40

Thai-Soße ____ S. 41
Thommy's Blumenkohltopf ____ S. 37
Toast Hawaii 5.0 ____ S. 105

Ungesunder Eiersalat ____ S. 48

Victoria's Tomatenpfanne ____ S. 25

Zitronen-Honig ____ S. 79

L&P

NIKAU FOREST 1.2 KM
TURTLE BAY 2.0 KM
SOUTH HEAD CONE 3.5 KM
SUNSET WALK
ESTUARY
HILL TOP 2.0 KM
SANDY BEACH 4.1 KM

IMPRESSUM

Bojahr, Moritz (2014)
Survive – Das Backpacker-Kochbuch
Hamburg: Mari-Media GmbH
ISBN: 978-3-945845-12-7

Art Director:	Britta Schult
Redaktion und Realisation:	Journalistenbüro Hamburg
Schlussredaktion:	Christa Flesner
Bilder:	Mow-Fotos
Gesamtherstellung:	BoD – Books on Demand, Norderstedt
Verantwortlich für den Inhalt:	Mari-Media GmbH
Copyright:	Mari-Media GmbH

Alle Ratschläge, Gedanken und Tipps beruhen auf Erfahrungen und Meinungen des Autors. Sie wurden nach bestem Wissen und Gewissen und mit größtmöglicher Sorgfalt erstellt. Eine Garantie kann jedoch nicht übernommen werden. Ebenso ist eine Haftung des Verfassers bzw. des Verlages für Personen-, Sach- oder Vermögensschäden ausgeschlossen.